항길고택문고 목록집
-도서 편-

동북아역사재단
NORTHEAST ASIAN HISTORY FOUNDATION

동북아역사 자료총서 71

항길고택문고 목록집

| 도서 편 |

장정수 편

동북아역사재단
NORTHEAST ASIAN HISTORY FOUNDATION

발간사

이 책은 2018년 동북아역사재단이 강릉김씨 감찰공파로부터 기증받은 '항길고택(恒吉古宅)' 소장 문헌에 관한 목록집입니다. 항길고택은 강원도 삼척의 유서 깊은 고택으로 귀중한 자료들을 다수 소장해 왔습니다. 풍부한 사료적 가치에도 불구하고 재단이 기증받을 당시에는 주기(注記)가 없는 간략 목록을 작성하고 자료센터에 보관하면서 활용 방안을 모색해 왔습니다. 2021년부터 재단 독도연구소는 항길고택문고의 자료를 활용할 수 있도록 목록집을 발간하기로 결정하였습니다. 『항길고택문고 목록집-도서 편』은 그 첫 번째 결과물입니다.

『항길고택문고 목록집』은 총 2권으로 발간할 계획입니다. 고서와 고문서의 특성상 보전을 고려하여 조심스럽게 조사를 진행하면서도, 그 방대한 규모를 고려하여 도서와 문서로 나누어 목록집을 작성하게 되었습니다. 현재 『항길고택문고 목록집-문서 편』의 제작을 위한 조사를 진행하고 있으며, 2024년에 발간이 예정되어 있습니다. 재단은 목록집 발간 외에도 항길고택문고에 소장된 자료들에 생명력을 불어넣기 위한 여러 방안을 검토하고 있습니다.

최초에 재단이 주목한 부분은 『항길고택일기(恒吉古宅日記)』에 수록된 울릉도 수토(搜討) 관련 기록들입니다. 울릉도 수토는 조선 왕조의 도서(島嶼) 관리 정책의 일환으로 시행된 제도로서, 그 부속 도서인 독도의 영유권과 밀접한 관계를 가진 것으로 이해됩니다. 『항길고택일기』에 수록된 많은 수토 관계 기사들은 수토제 연구에 활용되고, 또 번역이 되기도 하였습니다. 『항길고택일기』에 수토 관련 내용이 다수 존재한다는 것은 삼척에 거주한 강릉김씨 가문이 조선시대부터 이미 울릉도의 존재를 피부로 느끼며 생활

했음을 의미합니다. 따라서 이 가문에서 발간하거나 오랜 세월에 걸쳐 소장해 온 자료들에는 독도 영유권을 강화할 직간접적인 증거들이 존재할 것입니다. 이 자료들의 편린을 확인하는 작업이 연구의 심화에도 기여할 것이라고 전망합니다.

재단은 울릉도·독도와 관련된 직접적인 자료 외에도, '수토'라는 키워드로 연결된 '삼척–울릉도·독도'의 네트워크에 주목하고 있습니다. 기존의 독도 관련 연구가 울릉도·독도를 직접 명시한 자료의 분석에 집중해 온 점을 한계로 파악하고, 활용 가능한 자료의 범위를 확장하고자 합니다. 이를 위해서는 전통시대부터 근대·현대에 이르기까지 도서·해양·영토에 대한 포괄적인 연구가 진행되어야 할 것입니다. 이 같은 점에서 항길고택문고는 삼척을 비롯한 강원도 영동 지역을 이해하기 위한 실마리를 제공하리라 기대합니다. 이 목록집의 발간은 그 첫 단계로서 향후 재단 내외의 연구자들에게도 큰 도움을 주게 될 것입니다.

그동안 독도 영유권의 논거를 강화하는 과제에는 많은 연구자와 활동가들의 노력과 헌신이 깃들어 있습니다. 항길고택문고의 자료들은 이 분야에 대한 새로운 관점을 제공할 수 있으며, 또 그 밖에 여러 분야의 연구에서 다양하게 활용이 가능할 것입니다. 이 목록집이 발간될 수 있도록 항길고택문고를 기증해 준 강릉김씨 감찰공파에 깊이 감사드립니다.

2023년 12월

동북아역사재단 이사장

이영호

책머리에

이 책은 항길고택(恒吉古宅) 소장 자료를 효율적으로 활용할 수 있도록 작성한 목록집이다. 항길고택은 강릉김씨(江陵金氏) 감찰공파(監察公派)의 파조(派祖)인 김자현(金子鉉, 1404~1501)의 후손들이 세거해 온 강원도 삼척부(현 동해시) 용정리의 고택 항길장(恒吉庄)을 이른다. 현재 항길고택에는 조선시대부터 현대까지 오랜 세월에 걸쳐 발간하고 또 보관해 온 1천여 건의 도서[古書]와 문서[古文書]가 있다. 이 목록집은 방대한 항길고택문고의 소장 자료 가운데 483건의 도서를 대상으로 작성되었다.

항길고택문고의 도서는 1961년에 한차례 정리된 바 있다. 『항길문고도서목록(恒吉文庫圖書目錄)』이라는 제목으로 총 201건이 수록되었는데, 도서 외에도 다양한 기물(器物)까지 포함되어 있다. 이 목록에는 도서의 이름과 함께 당시의 소장 및 분실 현황, 편집인 등 간략한 정보가 포함되어 있어 참고가 된다. 현재까지도 이 목록에 있는 책들이 상당수 보관되어 있으며, 해당 도서는 대부분 측면에 목록상의 해당 번호가 기재되어 있다. 그러나 목록에 기재된 자료 가운데 확인되지 않는 경우가 더러 있고, 목록에 포함되지 않은 도서도 다수 확인된다. 게다가 1970년대 이후에 발간된 도서가 적지 않아, 현재의 항길고택문고는 '목록'과 비교하여 더욱 방대한 분량을 갖추게 되었다. 따라서 항길고택문고에 소장된 자료를 정리하는 작업이 향후의 보존과 활용에 있어서 선행되어야 할 것이다. 『항길고택문고 목록집』은 '도서 편'과 '문서 편'의 총 2권으로 발간될 예정이며, 이 책은 그 첫 번째 결과물이다.

항길고택 소장 도서는 오랜 세월 동안 축적된 귀중한 자료이다. 특히 강릉·동해·삼척 등 강원도 영동 지역의 역사를 온전히 담고 있는 문고로서 그 자료적 가치가 매우 높다. 『척주지(陟州誌)』나 『척주절의록(陟州節義錄)』 등은 삼척 지역의 지역사 연구에 있어 필수적인 자료이며, 강릉김씨 가문의 일기(日記)·족보(族譜)·가승(家乘)·유사(遺事)·실기(實記)·행장(行狀) 등은 삼척 지역의 사회사 연구에서 귀중한 자료이다.

강릉김씨 가문에서 대대로 작성해 온 『항길고택일기(恒吉古宅日記)』에는 사회사의 영역 외에도 울릉도(鬱陵島) 수토(搜討)에 관한 중요한 자료들이 산견되어 주목을 받기도 하였다.[1] 강릉김씨 족보는 연도별로 세보(世譜)·파보(派譜)가 원형을 유지한 채 보존되어 있어 더욱 유용하다. 그 밖에 문집(文集)·시집(詩集)·경서(經書)·사서(史書)·예서(禮書)는 물론, 유서(類書)·역서(曆書)·방서(方書)·의서(醫書) 등 다양한 자료들이 포함되어 있어 다방면으로 활용이 가능할 것이라고 전망된다. 아울러 항길고택문고의 소장 도서·문서는 강릉·삼척 일대에 세거한 사족들이 사용해 온 흔적들이 고스란히 남아 있어 그 자체로 큰 의미를 가지고 있다.

항길고택 소장 자료는 여러 차례 조사 및 발간의 대상이 되었다. 가장 먼저 주목을 받은 자료는 삼척 관련 자료였다. 1991년 삼척문화원에서 항길고택문고의 『척주지』·『척주선생안(陟州先生案)』·『척주지(陟州誌)』(김종언)를 엮어서 『척주집(陟州集)』이라는 영인본으로 발간하였다.[2] 1997년과 2001년에는 이 『척주집』의 번역본이 발간되었다.[3] 2001년 번

1 『항길고택일기』는 『책력(冊曆)』의 여백에 기록을 남긴 일기로서 『한길댁생활일기』로도 알려져 있다(이원택, 2023, 「항길고택일기의 울릉도 수토 관련 기사 역주와 그 사료적 가치」, 『동북아역사논총』 81, 동북아역사재단, 408쪽).

2 삼척문화원, 1991, 『척주집(陟州集)』, 삼척문화원.

3 강원대학교 강원문화연구소, 1997, 『완역 척주집』, 삼척시; 배재홍, 2001, 『국역 척주집』, 삼척시립박물관.

역 작업에 참여한 배재홍 교수는 『척주선생안』을 별도의 국역본으로 간행하면서 상세한 주석을 달기도 하였다.[4]

삼척 관련 자료 외의 자료에 대한 연구도 진행되었다. 국사편찬위원회는 1997년과 1999년, 두 차례에 걸쳐 항길고택문고 자료를 조사하고 그중 일부를 데이터베이스로 구축하여 공개하였다. 2023년 현재 국사편찬위원회 홈페이지 전자사료관에서 「강원도 동해시 강릉김씨 소장 자료(사료군 DGW014)」로 열람이 가능하다.[5] 2008년 동해문화원에서는 『동해시 고문서』 2에서 항길문고 소장 자료를 상세히 소개하기도 하였다. 동해문화원은 항길고택에 소장된 중요 자료 371건을 선별하여 서적과 문서로 구분, 정리하였다.[6] 이 책은 항길고택문고 가운데서도 다양한 고문서를 소개하고 또 상세한 해제를 덧붙였다는 점에서 의미가 있다.

항길고택문고 소장 자료 가운데 『항길고택일기』는 울릉도 수토와 관련한 내용으로 인해 연구자들의 관심을 받았다. 『척주집』의 발간과 번역에서부터 항길고택문고의 고문서 정리에 이르기까지 크게 기여한 배재홍은 이 자료를 적극적으로 활용하여 울릉도 수토제 연구의 수준을 끌어올렸다.[7] 울릉도 수토는 조선 왕조가 200여 년 동안 3년 간격으로 시행한 제도였다. 그러나 재정적인 문제나 재해로 인해 중단되는 사례가 적지 않았

---

4 배재홍, 2003, 『국역 척주선생안』, 삼척문화원.

5 강원도 동해시 강릉김씨 소장 자료 DB는 족보(DGW014_01)와 고서·고문서(DGW014_02)의 두 계열로 정리되었다.

6 배재홍, 2008, 『東海市 古文書』(東海鄕土史錄 第9輯, 東海 江陵金氏 監察公派 恒吉宅 古文書) 二, 동해문화원.

7 배재홍, 2011, 「조선후기 울릉도 수토제 운용의 실상」, 『대구사학』 103, 대구사학회.

기에 최초에는 20여 회 시행된 것으로 알려졌다. 그러나 다수의 사례가 추가로 확인되면서 현재 60여 회 시행된 것으로 파악되고 있다.[8] 이를 통해 3년 간격의 수토가 비교적 충실히 시행된 사실이 입증되었고, 이는 독도의 영유권과 관련해서도 중요한 대목이다. 추가로 확인된 수토 시행 사례의 대부분은 울릉도에서 확인된 각석문(刻石文)과 『항길고택일기』의 수토 기록으로 밝혀진 것이다.

2018년 10월 강릉김씨 감찰공파에서 항길고택 소장 도서·문서 일체를 동북아역사재단에 기증하게 된 것도, 일차적으로는 『항길고택일기』의 사료적 가치에 기인한 것이었다. 항길고택이 소재한 삼척 지역은 울릉도 수토를 관장한 삼척영장(三陟營將)이 주재한 지역이기도 하다. 따라서 항길고택에는 당대의 모습을 생동감 있게 전해 주는 도서와 문서들이 상당수 존재한다. 물론 대부분이 강릉김씨 가문에서 발간하거나 혹은 보관하고 또 사용해 온 자료들이다. 그럼에도 삼척 인근의 지역사를 연구하고 현지인들의 정서나 상호 네트워크를 이해하는 것은 향후의 연구에 있어서도 좋은 밑거름이 될 것으로 전망된다.

2023년 12월

장정수 씀

8 이원택, 2018, 「19세기 울릉도 수토제 운영 실태에 관한 연구」, 『이사부와 동해』 14, 한국이사부학회; 辛泰勳, 2023, 『朝鮮時代 鬱陵島 搜討 研究』, 강원대학교 사학과 박사학위논문; 송휘영, 2023, 「조선후기 울릉도 수토의 주기성에 대한 종합적 검토」, 『日本文化學報』 98, 한국일본문화학회.

| 차례

발간사 4

책머리에 6

일러두기 12

Ⅰ. 강릉김씨(江陵金氏) 자료 — 13
Ⅱ. 삼척(三陟) 자료 — 67
Ⅲ. 문집(文集) — 85
Ⅳ. 시집(詩集) — 95
Ⅴ. 경서(經書) — 141
Ⅵ. 사서(史書) — 165
Ⅶ. 예서(禮書) 및 의례서(儀禮書) — 179
Ⅷ. 기타 자료 — 189

일러두기

- '항길고택문고(恒吉古宅文庫)'는 항길고택에 소장된 고서(古書)·고문서(古文書)를 일괄한다. 항길문고(恒吉文庫)와 동일하지만, 항길고택에서 소장해 온 문헌이라는 점을 감안하여 명명하였다.
- 이 목록집은 '항길고택문고'에 소장된 고서를 대상으로 하지만, 20세기 이후에 발간된 책도 있으므로 '도서(圖書)'라고 부르기로 한다.
- 항길고택문고에는 1961년 작성된 『항길문고도서목록(恒吉文庫圖書目錄)』의 가치를 고려하여 문서 번호 외에도 해당 목록의 번호를 ( ) 안에 부기하였다.
- 항목에서 『항길문고도서목록』을 거론할 때에는 '목록'으로 서술하기로 한다.
- 각 장은 도서의 성격에 따라 임의 분류한 것이며, 장마다 간략 해제를 달았다.
- 동일한 이름의 도서는 엮어서 한 건으로 제시하되, 도서의 제목을 확인할 수 없어 '칠언시(七言詩)'나 '초록(抄錄)' 등으로 가칭한 경우는 제외한다.
- 첩(帖)도 도서로 간주하고 특별히 구분하지 않았다.

I

강릉김씨 (江陵金氏) 자료

항길고택문고에는 다수의 강릉김씨 자료가 소장되어 있다. 12종의 일기나 수십 책에 달하는 족보에서부터 유사(遺事)·유고(遺稿)·가승(家乘) 등에 이르기까지 그 종류도 다양하고 분량도 많다. 일차적으로 1961년에 작성된『항길문고도서목록(恒吉文庫圖書目錄)』을 참고할 수 있으나, 목록에 포함되지 못한 책이 적지 않고 이후에 추가된 경우도 있다. 따라서 도서를 유형별로 나누어 목록화할 필요가 있다.

항길고택문고에는 다양한 자료가 존재하지만, 소장자인 강릉김씨와 직접적으로 관련된 책을 별도의 장으로 모아 둘 필요가 있다. 책의 종류가 수십 종, 숫자로는 100권을 훨씬 넘는 방대한 자료를 각기 한 건으로 기재하기보다는 성격에 따라 분류하는 것이 좋을 것이다. 이에 별도의 정리가 필요한 족보류를 제외한 나머지 책들은 세트로 묶어서 한 건으로 분류하였음을 밝힌다. 또 문집류를 별도의 장으로 두어서 목록화했으나, 강릉김씨와 직접 관련된 경우에는 이 장에 수록하였다.

강릉김씨 자료는 총 69종으로 목록과 족보를 앞에 두고 나머지는 가나다순으로 정리하였다. 족보는 족보, 세보, 파보, 가승·세승(世乘)·초단(草單) 순이다. 이 자료는 강릉김씨의 내력뿐만 아니라, 삼척·동해를 비롯한 영동(嶺東)의 지역사 연구에서도 중요한 자료들이다. 일부 항목은 좀 더 깊이 있는 연구가 필요하며 추후에 정리할 기회가 있을 것으로 생각된다. 훼손 정도가 심하여 편찬자나 시기를 파악할 수 없는 일부 책들은 '기타' 부분에 수록하였다.

항길문고도서목록 恒吉文庫圖書目錄

문서 번호(목록) | 1

서체 및 판본 | 해서체, 곽란이 없는 필사본

권·책 | 1권 1책

크기(가로×세로, cm) | 22.6×28.4

면수 | 16

발행인(처) 및 편찬 시기 | 김남용, 1961년 12월 21일

내용 | 항길고택에 소장된 도서목록. 상당수 도서에 '김남용인(金南容印)'이라는 소장인이 날인된 것으로 보아, 김남용이 작성한 목록으로 추정된다. 목록에 수록된 항목은 도서와 기물(器物)을 포함하여 총 201개이다. 목록은 권수(卷數)·녹서(錄序)·편집인(編輯人)·적요(摘要) 등으로 구성되어 있다. 권수는 항목별 책의 숫자이고, 녹서는 천(天)·지(地)·인(人)이나 상(上)·중(中)·하(下) 등 책의 순서를 밝히기 위해 사용한 명칭이다. 편집인은 책을 발간한 주체를 이르지만, 대부분 공란으로 남아 있다. 적요에는 현황이 수록되었는데, 분실된 경우나 이 명칭이 존재할 때 기록되었다. 현재 항길고택문고에는 이 목록에 수록된 항목의 일부가 확인되지 않으며, 목록에 수록되지 않은 도서 역시 적지 않게 포함되어 있다.

특이 사항 | 표지에 '신축십이월이십일일(辛丑十二月二十一日)'이라는 작성 일자가 보인다. 뒤표지에는 '오봉(梧峯)'이라는 글자가 기재되어 있는데, 작성자의 호(號)로 추정된다.

강릉김씨족보 江陵金氏族譜　갑오보 甲午譜

문서 번호(목록) | 2

서체 및 판본 | 해서체, 괵란이 있는 필사본

권 · 책 | 4권 4책

크기(가로×세로, cm) | 26.5×39.3(1~4책)

면수 | 116(1책), 222(2책), 194(3책), 178(4책)

발행인(처) 및 편찬 시기 | 강릉김씨, 1834년

내용 | 갑오년에 편찬된 강릉김씨 족보. 총 4책으로 각각 권1~4를 수록하였다. 표지에는 제일(第一)~제사(第四)로 책을 구분하였으며, 책갑 안에 들어 있다.

특이 사항 | 책갑에 '갑오보 계해보단권병부(甲午譜 癸亥譜單卷幷付)'라고 기재되어 있다.

강릉김씨족보 江陵金氏族譜 계해보 癸亥譜

문서 번호(목록) | 3

서체 및 판본 | 해서체, 곽란이 있는 목판본

권·책 | 6권 6책

크기(가로×세로, cm) | 23.5×36(1책), 23.5×35.7(2책), 23.7×36(3책), 23.7×36.1(4책), 23.7×36.1(5책), 23.7×36.3(6책)

면수 | 184(1책), 186(2책), 184(3책), 184(4책), 184(5책), 180(6책)

발행인(처) 및 편찬 시기 | 강릉김씨, 1863년

내용 | 계해년에 편찬된 강릉김씨 족보. 총 6책으로 각각 권1~6을 수록하였다. 표지에는 일(一)~육(六)의 숫자가 있으며, 책갑 안에 들어 있다.

특이 사항 | 책갑에 '계해보육권(癸亥譜六卷)'이라는 문구가 보인다.

강릉김씨세보 江陵金氏世譜 계유보 癸酉譜

문서 번호(목록) | 4

서체 및 판본 | 해서체, 곽란이 있는 목판본

권·책 | 16권 16책

크기(가로×세로, cm) | 21.5×32(1책), 22×32.3(2~3책·5책), 21.7×32.2(4책), 22×32.1(6책), 21.8×32.3(7책), 21.7×32.3(8~11책), 21.7×32.1(12책), 21.8×32.1(13책), 21.5×32.2(14책), 21.7×32.2(15책), 21.5×32.1(16책)

면수 | 186(1책), 192(2책), 196(3책), 188(4책), 196(5책), 206(6책), 196(7책), 224(8책), 220(9책), 194(10책), 196(11책), 200(12책), 214(13책), 194(14책), 198(15책), 248(16책)

발행인(처) 및 편찬 시기 | 강릉김씨, 1873년

내용 | 강릉김씨 세보 계유보(1873).

강릉김씨세보 江陵金氏世譜 무신보 戊申譜

문서 번호(목록) | 5(항길57)

서체 및 판본 | 해서체, 곽란이 있는 목판본

권·책 | 6권 6책

크기(가로×세로, cm) | 23×33.4(1책), 23×33.7(2책), 23×33.5(3책), 22.7×33.5(4책), 23×33.5(5책), 23.2×33.7(6책)

면수 | 212(1책), 196(2책), 182(3책), 178(4책), 180(5책), 174(6책)

발행인(처) 및 편찬 시기 | 강릉김씨, 1908년

내용 | 강릉김씨 세보 무신보(1908).

강릉김씨세보 江陵金氏世譜 무인보 戊寅譜

문서 번호(목록) | 6(항길150)

서체 및 판본 | 해서체, 곽란이 있는 활자본

권·책 | 8권 8책

크기(가로×세로, cm) | 20.4×32.5(1책), 20×32.5(2책), 20.1×32.4(3책), 20.5×32.3(4책), 20.3×32.5(5~6책), 20.3×32.2(7책), 20.5×33(8책)

면수 | 276(1책), 204(2책), 234(3책), 184(4책), 242(5책), 206(6책), 178(7책), 240(8책)

발행인(처) 및 편찬 시기 | 강릉김씨, 1938년

내용 | 강릉김씨 세보 무인보(1938).

특이 사항 | 권지일(卷之一)부터 권지팔(卷之八)까지 총 8책이다. 목록에도 8책으로 확인된다.

강릉김씨세보 江陵金氏世譜 정유보 丁酉譜

문서 번호(목록) | 7(항길152)

서체 및 판본 | 해서체, 곽란이 있는 활자본

권·책 | 9권 9책

크기(가로×세로, cm) | 21.2×29(1~5책), 21×29(6~7책), 21.3×29(8책), 21.2×29(9책)

면수 | 376(1책), 480(2책), 390(3책), 432(4책), 348(5책), 426(6책), 276(7책), 408(8책), 242(9책)

발행인(처) 및 편찬 시기 | 강릉김씨, 1957년

내용 | 강릉김씨 세보 정유보(1957).

특이 사항 | 목록에도 9책으로 확인된다.

강릉김씨세보 江陵金氏世譜

문서 번호(목록) | 8

서체 및 판본 | 해서체, 곽란이 있는 활자본

권·책 | 3권 3책

크기(가로×세로, cm) | 21.5×29.4(1책), 21.3×29.5(2책), 21.2×29(3책)

면수 | 336(1책), 408(2책), 464(3책)

발행인(처) 및 편찬 시기 | 강릉김씨, 1973년

내용 | 1973년 강릉김씨 세보. 상(上)·중(中)·하(下) 3권이 각각 1책으로 구성되어 있다.

특이 사항 | 간행 시기가 단기 4306년(1973)으로 표기되어 있다.

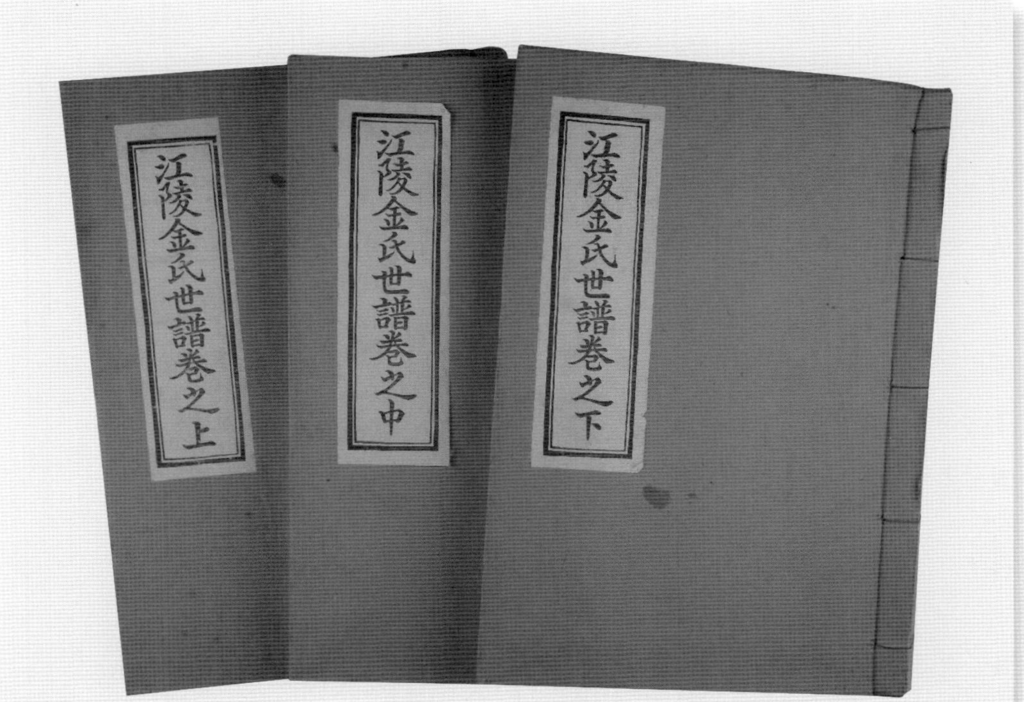

강릉김씨세보 江陵金氏世譜 **단** 單

문서 번호(목록) | 9

서체 및 판본 | 해서체, 곽란이 있는 필사본

권·책 | 1권 1책

크기(가로×세로, cm) | 6.8×11

면수 | 154

발행인(처) 및 편찬 시기 | 강릉김씨, 미상

내용 | 수진본(袖珍本)으로 제작된 강릉김씨 세보 및 가승(家乘).

특이 사항 | 뒤표지에 '불망본(不忘本)'이라는 문구가 있다.

강릉김씨세보 江陵金氏世譜 문 文

문서 번호(목록) | 10

서체 및 판본 | 해서체, 석인본

권·책 | 1권 1책

크기(가로×세로, cm) | 20×22.7

면수 | 144

발행인(처) 및 편찬 시기 | 강릉김씨, 1939년 7월 30일

내용 | 1939년에 발간된 강릉김씨 세보 및 시문선(詩文選).

특이 사항 | 권수제는 '강릉김씨세보시문선(江陵金氏世譜詩文選)'이다. 쇼와(昭和) 14년 7월 30일 강릉김씨보소(江陵金氏譜所)에서 발간되었다는 사실이 기재되어 있다. 뒤표지에 '항길(恒吉)'이라는 문구가 있다.

강릉김씨파보 江陵金氏派譜

문서 번호(목록) | 11(항길144)

서체 및 판본 | 해서체, 곽란이 있는 필사본

권·책 | 4권 4책

크기(가로×세로, cm) | 27×38.5(1책), 27×38.7(2~4책)

면수 | 146(1책), 176(2책), 162(3책), 166(4책)

발행인(처) 및 편찬 시기 | 강릉김씨, 1846년

내용 | 강릉김씨파보. 원(元)·형(亨)·이(利)·정(貞)의 4책으로 구성되어 있으며, 책갑 안에 들어 있다.

특이 사항 | 책갑에 '병오보(丙午譜) 사권(四卷)'이 라고 기재되어 있고, 표지에는 '병오(1846)'라고 쓰여 있다. 목록에도 4책으로 기재되어 있다.

강릉김씨파보 江陵金氏派譜 신해보 辛亥譜

문서 번호(목록) | 12(항길147)

서체 및 판본 | 해서체, 곽란이 있는 목판본

권·책 | 2권 2책

크기(가로×세로, cm) | 22×33(1책), 21.8×33.3(2책)

면수 | 196(1책), 224(2책)

발행인(처) 및 편찬 시기 | 강릉김씨, 1851년

내용 | 강릉김씨 파보 신해보(1851).

강릉김씨파보 江陵金氏派譜 갑자보 甲子譜

문서 번호(목록) | 13(항길149)

서체 및 판본 | 해서체, 곽란이 있는 목판본

권·책 | 5권 5책

크기(가로×세로, cm) | 22.5×34.2(1~2책), 22.8×34(3책), 22.3×33(4책), 22.1×33.5(5책)

면수 | 138(1책), 126(2책), 98(3책), 142(4책), 190(5책)

발행인(처) 및 편찬 시기 | 강릉김씨, 1924년

내용 | 강릉김씨 파보 갑자보(1924).

특이 사항 | 5권 5책 가운데 4권만 권지사(卷之四), 나머지는 권일(卷一)~권오(卷五)이다.

강릉김씨용정파보 江陵金氏龍井派譜

문서 번호(목록) | 14

서체 및 판본 | 해서체, 곽란이 있는 필사본

권 · 책 | 1권 1책

크기(가로×세로, cm) | 23×38

면수 | 214

발행인(처) 및 편찬 시기 | 강릉김씨, 1973년

내용 | 강릉김씨 용정파의 족보.

강릉김씨가승 江陵金氏家乘

문서 번호(목록) | 15(항길48)

서체 및 판본 | 해서체, 곽란이 있는 필사본

권 · 책 | 1권 1책

크기(가로×세로, cm) | 19×30

면수 | 32

발행인(처) 및 편찬 시기 | 강릉김씨, 1973년

내용 | 강릉김씨 가승(家乘).

특이 사항 | 본지 1면에 소장인이 있다.

강릉김씨세승 江陵金氏世乘

문서 번호(목록) | 16

서체 및 판본 | 해서체, 곽란이 있는 필사본

권·책 | 2권 2책

크기(가로×세로, cm) | 25×38.5(1~2책)

면수 | 152(1책), 174(2책)

발행인(처) 및 편찬 시기 | 강릉김씨, 1797년

내용 | 강릉김씨 삼척파의 세승(世乘). 상(上)·하(下) 2책으로 구성되어 있다.

특이 사항 | 1책의 표지에 '정사(丁巳)'라고 기재되어 있다.

강릉김씨삼척파세승 江陵金氏三陟派世乘

문서 번호(목록) | 17

서체 및 판본 | 해서체, 곽란이 있는 필사본

권·책 | 2권 2책

크기(가로×세로, cm) | 24×37.3(1책), 23.5×37.7(2책)

면수 | 134(1책), 142(2책)

발행인(처) 및 편찬 시기 | 강릉김씨, 1851년

내용 | 강릉김씨 삼척파의 세승(世乘). 상(上)·하(下) 2책으로 구성되어 있다. 표제는 '강릉김씨삼척파보(江陵金氏三陟派譜)'이지만, 내용은 강릉김씨 가승(江陵金氏家乘)이다.

특이 사항 | 2책의 표지에 '신해(辛亥)'라고 기재되어 있다.

강릉김씨감찰공파 江陵金氏監察公派 **초단** 草單

문서 번호(목록) | 18(항길58)

서체 및 판본 | 해서체, 곽란이 있는 필사본

권·책 | 1권 1책

크기(가로×세로, cm) | 20×31

면수 | 123

발행인(처) 및 편찬 시기 | 강릉김씨, 1938년 6월

내용 | 1938년 강릉김씨 감찰공파의 초단(草單).

특이 사항 | 표지에 발행처인 '삼척군북삼면용정(三陟郡北三面龍井)'과 간행 시기인 '무인육월일(戊寅六月日)'이 기재되어 있다.

삼척용정파초단 三陟龍井派草單 무신년 戊申年

문서 번호(목록) | 19

서체 및 판본 | 해서체, 곽란이 있는 필사본

권·책 | 1권 1책

크기(가로×세로, cm) | 18×28.5

면수 | 18

발행인(처) 및 편찬 시기 | 강릉김씨, 1908년

내용 | 1908년 강릉김씨 용정파의 초단(草單).

위촌파가승 渭村派家乘

문서 번호(목록) | 20(항길122)

서체 및 판본 | 해서체, 곽란이 있는 필사본

권·책 | 1권 1책

크기(가로×세로, cm) | 21.5×33

면수 | 79

발행인(처) 및 편찬 시기 | 강릉김씨, 1973년

내용 | 강릉김씨 위촌파의 가승(家乘).

특이 사항 | 표지에 소장인이 있다.

강릉김씨유사 江陵金氏遺事

문서 번호(목록) | 21

서체 및 판본 | 해서체, 곽란이 있는 활자본

권·책 | 2권 2책

크기(가로×세로, cm) | 22×33.6(1책), 22.7×33.6(2책)

면수 | 186(1책), 168(2책)

발행인(처) 및 편찬 시기 | 강릉김씨, 미상

내용 | 강릉김씨의 유사록(遺事錄) 및 강릉김씨 세보(江陵金氏世譜).

특이 사항 | 표지의 제목은 같지만 '문(文)'에 해당하는 1책과 '단(單)'이라고 기재된 2책은 내용이 다르다. 1책은 유사록에 해당하며 뒤표지에 '항길(恒吉)'이라는 문구가 있다. 2책은 이 장의 문서 번호 10에 해당하는 석인본 '강릉김씨세보(江陵金氏世譜) 문(文)'과 같은 책으로 좀 더 이른 시기에 작성된 활자본이다. 두 책은 비슷한 시기에 간행되고 표지의 제목이 같으므로, 확인이 용이하도록 1건으로 분류하였다.

구봉공장록 九峯公狀錄

문서 번호(목록) | 22(항길59)

서체 및 판본 | 해서체, 곽란이 있는 필사본

권·책 | 1권 1책

크기(가로×세로, cm) | 20×29.5

면수 | 45

발행인(처) 및 편찬 시기 | 김구혁, 19세기

내용 | 김구혁(金九爀)의 행장(行狀). 구봉김공행장(九峯金公行狀), 구봉김공묘지명(九峯金公墓誌銘), 기사년에 작성된 향천유장(鄕薦儒狀) 등이 수록되었다.

특이 사항 | 목록에는 '구봉공행장(九峯公行狀)'으로 수록되었다.

구봉김공묘지명 九峯金公墓誌銘

문서 번호(목록) | 23

서체 및 판본 | 행서체, 곽란이 있는 활자본

권·책 | 첩

크기(가로×세로, cm) | 28.5×47

면수 | 10

발행인(처) 및 편찬 시기 | 강릉김씨, 19세기

내용 | 김구혁(金九赫)의 묘지명.

구봉김공행장 九峯金公行狀

문서 번호(목록) | 24

서체 및 판본 | 해서체, 곽란이 없는 필사본

권·책 | 1권 1책

크기(가로×세로, cm) | 19×28

면수 | 16

발행인(처) 및 편찬 시기 | 김병성, 1861년 2월

내용 | 1861년 김병성(金秉星)이 지은 김구혁(金九赫)의 행장.

특이 사항 | 본지 1면에 소장인이 있다.

구봉유집 九峯遺集

문서 번호(목록) | 25(항길9 · 49)

서체 및 판본 | 해서체, 곽란이 있는 필사본(1책), 곽란이 없는 필사본(2책)

권 · 책 | 2권 2책

크기(가로×세로, cm) | 18.5×28(1책), 18×25.5(2책)

면수 | 214(1책), 163(2책)

발행인(처) 및 편찬 시기 | 최종원, 1887년

내용 | 김구혁(金九爀)의 유고집. 목록에는 2종의 『구봉유집』이 있다. 1책은 『구봉시집(九峯詩集)』, 2책은 『구봉공유집(九峯公遺集)』으로 기재되었다. 1책은 표지에 '구봉집(九峯集)'이라 쓰여 있고, 2책은 표지 없이 '구봉공유집'으로 쓰여 있다. 2책의 내용은 일부 누락, 유실되었지만 동일한 구성과 내용이며, 1책과 2책의 권수제는 모두 '구봉유집'이다. 1책은 구봉김공문집서(九峯金公文集序), 구봉유집목록(九峯遺集目錄), 구봉유집(九峯遺集) 상(上), 구봉유집(九峯遺集) 하(下), 부록(附錄)으로 구성되어 있다. '상'은 오언절구 45수, 칠언절구 72수, 칠언사율 56수 등 173개의 시를 수록한 시문집의 형태이다. '하'는 편지[書] 3수, 서(序) 2수, 기(記) 4수, 발(跋), 영모정학규(永慕亭學規), 축문(祝文) 2수, 삼봉서당상량문(三峯書堂上樑文), 행장(行狀), 묘지(墓誌) 3수, 묘표(墓表) 3수, 유설(遺說) 등을 싣고 있다. 부록은 가장(家狀), 행장(行狀), 묘지명(墓誌銘), 상언장(上言狀)이다. 2책은 표지를 비롯한 앞부분이 상당 부분 훼손되어 있다. 서(序)와 상(上)이 없고, 하(下)와 부록은 남아 있다. 다만, 부록 가운데 상언장은 누락되어 있다.

구봉잡록 九峯雜錄

문서 번호(목록) | 26(항길109)

서체 및 판본 | 해서체, 곽란이 있는 필사본

권·책 | 7권 7책

크기(가로×세로, cm) | 18×27.5(1~7책)

면수 | 154(1책), 172(2책), 154(3책), 184(4책), 160(5책), 202(6책), 90(7책)

발행인(처) 및 편찬 시기 | 김구혁, 19세기(1854년 추정)

내용 | 김구혁(金九爀)의 문집. 단권(單券) 7책이다. 1책은 잡저(雜著), 2책은 시(詩), 3책은 영모정학규(永慕亭學規), 4~6책은 시, 7책은 잡저이다. 2책의 표지와 4~5책의 속표지는 '구봉잡영(九峯雜詠)'이다. 5책에는 시 외에도 다양한 경전 구절들이 수록되었다. 3책의 영모정학규는 『구봉유집(九峯遺集)』 하(下)에 수록된 것과 같다.

특이 사항 | 7책 모두 소장인이 있다.

구봉정사영모정장 九峯精舍永慕亭藏

문서 번호(목록) | 27(항길51)

서체 및 판본 | 해서체, 곽란이 없는 필사본

권·책 | 첩

크기(가로×세로, cm) | 34×38.5

면수 | 48

발행인(처) 및 편찬 시기 | 강릉김씨, 19세기

내용 | 난진성교첩(蘭陣聖教帖). 영모정에 소장해 둔 첩이다.

특이 사항 | 본지 1면에 인장 2개가 있다.

김씨유사 金氏遺事

문서 번호(목록) | 28(항길2)

서체 및 판본 | 해서체, 곽란이 있는 필사본

권·책 | 단권 2책

크기(가로×세로, cm) | 18.5×28.5(1책), 17.5×24.7(2책)

면수 | 194(1책), 48(2책)

발행인(처) 및 편찬 시기 | 강릉김씨, 19세기

내용 | 강릉김씨 선세(先世)의 묘지명(墓誌銘)·묘갈명(墓碣銘)·제문(祭文)·만사(挽詞)·행장(行狀)·유사(遺事)로 구성된 책.

특이 사항 | 1책의 본지 2면에 소장인이 있다.

나재유고 懶齋遺稿 전 全

문서 번호(목록) | 29(항길154)

서체 및 판본 | 해서체, 곽란이 있는 석인본

권·책 | 3권 1책

크기(가로×세로, cm) | 19.4×27.6

면수 | 268

발행인(처) 및 편찬 시기 | 김인선(창명석판사), 1960년

내용 | 강릉김씨 김인선(金演善)의 유고. 1960년 창명석판사(彰明石版社)에서 발간되었다. 목록에 『나재유집(懶齋遺集)』으로 수록된 책이다. 3권이 1책으로 엮어져 있다. 권1은 시(詩)로 구성되어 있고, 권2에는 서(書)·설(說)·기(記)·서(序)·발(跋)·상량문(上樑文)·주련(柱聯)·제문(祭文)·애사(哀辭)·묘갈명(墓碣銘)·묘표(墓表)·행장(行狀)·행록(行錄)이 수록되었다. 권3은 부록(附錄)이다.

담군도기 擔軍到記

문서 번호(목록) | 30

서체 및 판본 | 행서체, 곽란이 없는 필사본

권 · 책 | 1권 1책

크기(가로×세로, cm) | 17.5×27

면수 | 12

발행인(처) 및 편찬 시기 | 항길고택, 1909년 1월 23일

내용 | 기유년 1월 23일 산역(山役) 시에 동원된 담군(擔軍)의 기록.

특이 사항 | 표지에 '항길댁(恒吉宅)'이 기재되어 있다.

만장록 輓章錄

문서 번호(목록) | 31

서체 및 판본 | 행서체, 곽란이 없는 필사본

권 · 책 | 1권 1책

크기(가로×세로, cm) | 19.5×17.5

면수 | 52

발행인(처) 및 편찬 시기 | 항길고택, 1869년 4월 17일

내용 | 표지에 "기사년 4월 17일 양례할 때 작성하였다[己巳四月十七日襄禮時]"라는 문구가 있다.

명원보감 溟源寶鑑

문서 번호(목록) | 32(항길13)

서체 및 판본 | 해서체, 곽란이 있는 활자본

권·책 | 3권 1책

크기(가로×세로, cm) | 19×28

면수 | 142

발행인(처) 및 편찬 시기 | 강릉김씨, 19세기

내용 | 명주군왕(溟州郡王) 김주원(金周元)을 시조로 하는 강릉김씨 가문의 주요 인물 중 후손들에게 귀감이 될 만한 사람들의 명단과 행적을 기록한 책. 상(上)·중(中)·하(下) 세 권으로 구성되어 있다. 권상은 서(序)·범례(凡例), 계림분관록(鷄林分貫錄)·명주분파도(溟州分派圖)·능전물품(陵奠物品)·진설도(陳設圖)·홀기(笏記)·매월선생다례물품(梅月先生茶禮物品) 등으로 구성되어 있다. 권중은 휴일(休逸)·성학(聖學)·지행(志行)·효열(孝烈)·절의(節義)·충직(忠直) 등으로 항목을 구분하였다. 권하에는 생진(生進)·문과(文科)·무과(武科)·책훈(策勳)·사환(仕宦) 그리고 발(跋)이 실렸다. 표지에 '용산항길병(龍山恒吉幷)'이라는 글자가 쓰여 있다.

묘갈명 墓碣銘　병호침서 幷號鋟書

문서 번호(목록) | 33(항길46)

서체 및 판본 | 해서체, 곽란이 있는 필사본

권·책 | 첩

크기(가로×세로, cm) | 22×36

면수 | 118

발행인(처) 및 편찬 시기 | 강릉김씨, 19세기

내용 | 죽헌(竹軒) 김응조(金膺祚)에 대한 행장과 묘갈명. 탁본첩이다.

특이 사항 | 목록에는 '선대묘갈명(先代墓碣銘)』 병호(幷號)'로 수록되어 있다.

매암유고 梅菴遺稿

문서 번호(목록) | 34(항길18 · 28)

서체 및 판본 | 행서체, 곽란이 없는 필사본

권 · 책 | 2권 2책

크기(가로×세로, cm) | 15.5×23.5(1책), 16×23(2책)

면수 | 108(1책), 74(2책)

발행인(처) 및 편찬 시기 | 강릉김씨, 19세기

내용 | 매암(梅菴) 김치련(金致璉)이 지은 육언시(六言詩)를 모아서 엮은 유고집. 항길고택 문고에는 2종의 『매암유고(梅菴遺稿)』가 있다(항길18 · 28). 1책(항길18)은 '부부(覆瓿)', 2책(항길28)은 '연석(燕石)'이라고 표지에 기재되어 있다.

특이 사항 | 1책과 2책 모두 본지 1면에 소장인이 있다.

봉구행록 鳳邱行錄

문서 번호(목록) | 35

서체 및 판본 | 해서체, 곽란이 있는 필사본

권 · 책 | 1권 1책

크기(가로×세로, cm) | 17×27

면수 | 24

발행인(처) 및 편찬 시기 | 김사혁 · 김주혁, 19세기

내용 | 김사혁(金思爀)의 행장(行狀). 찬자는 김주혁(金周爀)이다.

부의록 賻儀錄

문서 번호(목록) | 36

서체 및 판본 | 행서체, 곽란이 없는 필사본

권 · 책 | 1권 1책

크기(가로×세로, cm) | 18×25

면수 | 57

발행인(처) 및 편찬 시기 | 항길고택, 1909년 3월

내용 | 기유년 3월 부의한 인물의 명단.

부의위문록 賻儀慰問錄

문서 번호(목록) | 37

서체 및 판본 | 행서체, 곽란이 없는 필사본

권 · 책 | 1권 1책

크기(가로×세로, cm) | 18×27

면수 | 62

발행인(처) 및 편찬 시기 | 항길고택, 1909년 1월

내용 | 기유년 1월 위문 명단.

부조계입령 扶助契立令

문서 번호(목록) | 38

서체 및 판본 | 해서체, 곽란이 없는 필사본

권·책 | 1권 1책

크기(가로×세로, cm) | 19×29

면수 | 12

발행인(처) 및 편찬 시기 | 항길고택, 1861년 12월

내용 | 신유년 12월 부조계의 입령(立令).

부조기 扶助記 기미년 己未年

문서 번호(목록) | 39

서체 및 판본 | 행서체, 곽란이 없는 필사본

권·책 | 1권 1책

크기(가로×세로, cm) | 14.2×21

면수 | 40

발행인(처) 및 편찬 시기 | 항길고택, 1859년 1월

내용 | 기미년 1월 부조한 인물의 명단.

부조기 扶助記 **신묘년** 辛卯年

문서 번호(목록) | 40

서체 및 판본 | 행서체, 곽란이 없는 필사본

권·책 | 1권 1책

크기(가로×세로, cm) | 23×26.5

면수 | 42

발행인(처) 및 편찬 시기 | 항길고택, 1891년 1월

내용 | 신묘년 11월 부조한 인물의 명단.

부조안 扶助案

문서 번호(목록) | 41

서체 및 판본 | 해서체, 곽란이 없는 필사본

권·책 | 1권 1책

크기(가로×세로, cm) | 14×25.5

면수 | 14

발행인(처) 및 편찬 시기 | 항길고택, 정축년

내용 | 정축년 11월 개정(改定)된 부조책(扶助冊).

특이 사항 | 표지에 '정축십일월일개정부조책(丁丑十一月日改正扶助冊)'이라는 문구가 있다.

사헌부감찰묘명 司憲府監察墓銘 단 單

문서 번호(목록) | 42(항길56)

서체 및 판본 | 해서체, 곽란이 없는 필사본

권·책 | 1권 1책

크기(가로×세로, cm) | 29×30

면수 | 12

발행인(처) 및 편찬 시기 | 강릉김씨, 19세기

내용 | 김자현(金子鉉)의 묘지명(墓誌銘).

특이 사항 | 목록에는 '사헌부감찰공묘갈명(司憲府監察公墓碣銘)'으로 수록되어 있다. 표지에 소장인이 있다.

상언 上言 (가칭)

문서 번호(목록) | 43

서체 및 판본 | 초서체, 곽란이 없는 필사본

권·책 | 1권 1책

크기(가로×세로, cm) | 19×24.2

면수 | 18

발행인(처) 및 편찬 시기 | 강릉김씨, 18세기 중반

내용 | 강릉김씨 인물들이 작성한 다양한 형태의 문서를 엮은 책. 1601년 김은보(金殷輔) 등 16명이 삼척부사에게 올린 상언(上言), 1658년 김용건[金用鍵, 김계건(金啓鍵)의 초명(初名)]이 삼척부사에게 올린 상언, 1655년에 작성된 김경(金輕)의 묘지명(墓誌銘), 1738년에 작성된 '건륭삼년무오오월일소기(乾隆三年戊午五月日所記)', 1740년에 작성된 제문(祭文) 등으로 구성되어 있다.

특이 사항 | 표지는 '건륭삼년무오오월일소기'로 기재되어 있다. 이 책에 수록된 여러 문서 중 하나인 만큼 가장 많은 분량을 차지하는 '상언'으로 가칭하였다.

선현유사 先賢遺事

문서 번호(목록) | 44(항길115-1)

서체 및 판본 | 해서체, 곽란이 있는 필사본

권·책 | 1권 1책

크기(가로×세로, cm) | 18×27

면수 | 167

발행인(처) 및 편찬 시기 | 강릉김씨, 19세기

내용 | 문성공(文成公) 김인존(金仁存)을 비롯한 강원도 지역 선현들에 대한 기록. 문성공행록발(文成公行錄跋), 문성공유사(文成公遺事), 청연각연강록(淸讌閣宴講錄), 매월당행록(梅月堂行錄), 김시습전(金時習傳), 부당음이문성공행장(附堂陰李文成公行狀), 삼가유고(三可遺稿), 부위촌파간보낙성시(附渭村派刊譜洛城詩) 등으로 구성되어 있다.

특이 사항 | 목록에는 두 책으로 나오는데, 다른 한 책은 『선현유집(先賢遺集)』이라서 별건으로 다루었다. 본지 3면에 소장인이 있다.

선현유집 先賢遺集

문서 번호(목록) | 45(항길115)

서체 및 판본 | 해서체, 곽란이 없는 필사본

권 · 책 | 1권 1책

크기(가로×세로, cm) | 12×17.6

면수 | 180

발행인(처) 및 편찬 시기 | 강릉김씨, 19세기

내용 | 문성공(文成公) 김인존(金仁存)을 비롯한 강원도 지역 선현들에 대한 기록. 김시습전(金時習傳) · 이이전(李珥傳) · 동국서원록(東國書院錄)과 함께 문성공의 사적이 부록되어 있다.

특이 사항 | 목록에는 '115−2'가 아닌 '115(百十五)'로 표기되어 있다. 표지에는 매월당전(梅月堂傳) · 율곡전(栗谷傳) · 동국서원록으로 기재되어 있다. 표지 뒷면에 '명현록(明賢錄)'이라는 문구가 있다. 동국서원록에는 전국 각지의 서원이 빠짐없이 기록되어 있고, 배향인에 대한 간략한 정보가 부기되어 있다.

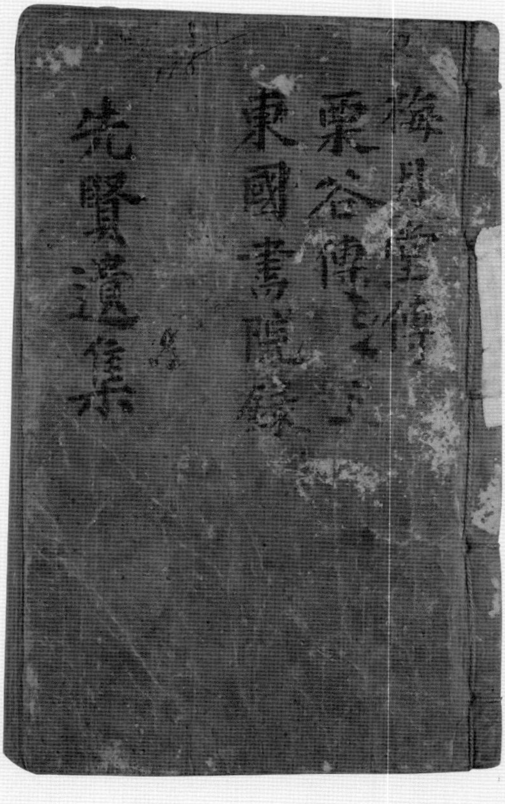

속재유사 俗齋遺事

문서 번호(목록) | 46(항길11)

서체 및 판본 | 해서체, 곽란이 있는 필사본

권·책 | 2권 1책

크기(가로×세로, cm) | 19.7×30

면수 | 124

발행인(처) 및 편찬 시기 | 김시학, 1902년

내용 | 김시학(金時鶴)의 사적을 담은 유사. 권1과 권2로 구성되어 있으나, 권2만 권수(卷首)가 표기되었다. 권1의 뒷부분에 이어 권2 전체가 부록이다. 권1에는 다수의 시(詩)·만사(挽詞)·제문(祭文)·묘갈명(墓碣銘)·묘표(墓表)·축문(祝文), 그리고 횡당유사(黌堂遺事)·용산서원사적(龍山書院事蹟)·경행사이건록(景行祠移建錄) 등이 수록되었다. 부록으로는 김시학의 행장(行狀) 2건과 묘지명이 있다. 권2는 제문·만사 등이 수록되었다.

특이 사항 | 본지 3면에 소장인이 있다.

순치십이년을미사월원일서이언 順治十二年乙未四月元日書以言

문서 번호(목록) | 47

서체 및 판본 | 해서체, 곽란이 있는 필사본

권·책 | 첩

크기(가로×세로, cm) | 44×28

면수 | 16

발행인(처) 및 편찬 시기 | 강릉김씨, 1655년

내용 | 강릉김씨 관련 자료. 앞면과 뒷면의 내용이 다른 첩. 앞면은 김경(金輕)의 묘지명(墓誌銘), '불망기(不忘記)'라고 쓰인 뒷면은 서책목록(書冊目錄)이다.

영모정기 永慕亭記

문서 번호(목록) | 48

서체 및 판본 | 행서체, 곽란이 없는 필사본

권 · 책 | 첩

크기(가로×세로, cm) | 21.5×43.5

면수 | 16

발행인(처) 및 편찬 시기 | 강릉김씨, 19세기

내용 | 영모정기를 첩으로 만듦.

특이 사항 | 뒷면은 '용산서당(龍山書堂)' 탁본이다. 목록에는 '용산서당전발(龍山書堂箋跋)'로 수록되었다.

영모정사적 永慕亭事蹟

문서 번호(목록) | 49(항길53)

서체 및 판본 | 해서체, 곽란이 없는 필사본

권·책 | 1권 1책

크기(가로×세로, cm) | 17×25

면수 | 22

발행인(처) 및 편찬 시기 | 강릉김씨, 1848년

내용 | 영모정에 관한 기록들을 모아놓은 책. 홍경모(洪敬謨)가 지은 영모정기(永慕亭記), 서득순(徐得淳)이 지은 영모정서(永慕亭序), 강헌규(姜獻奎)가 지은 영모정첩후발(永慕亭帖後跋)과 수 편의 영모정시(永慕亭詩)로 구성되어 있다. 홍경모는 '상(上)의 14년 무신 3월[上之十四年戊申季春]'이라고 썼고, 1847~1849년 삼척부사를 지낸 서득순은 "상의 14년 무신 6월[季夏孟秋]에 부사[府伯]로서 삼가 쓴다"라고 했으므로 1848년(헌종 14)에 작성되었음을 알 수 있다.

특이 사항 | 본지 1면에 소장인이 있다.

영모정상량문 永慕亭上樑文

문서 번호(목록) | 50(항길45)

서체 및 판본 | 해서체, 곽란이 있는 필사본

권·책 | 1권 1책

크기(가로×세로, cm) | 18.2×28

면수 | 12

발행인(처) 및 편찬 시기 | 강릉김씨, 1848년

내용 | 김사혁(金思爀)이 지은 영모정상량문(永慕亭上樑文)과 홍경모(洪敬謨)가 지은 영모정기(永慕亭記), 서득순(徐得淳)이 지은 영모정서(永慕亭序) 등으로 구성되어 있다. 그 뒤로는 김구혁(金九爀)·김억규(金億奎)·홍병열(洪秉烈)이 차례로 제영모정(題永慕亭)을 남겼다. 영모정기와 영모정서는 『영모정사적(永慕亭事蹟)』과 동일한 글이지만, 영모정서를 쓴 서득순은 6월을 뜻하는 계하(季夏)가 아닌 7월인 맹추(孟秋)에 작성했다고 하고 또 부백(府伯) 대신 본쉬(本倅)라고 기재하였다. 부백과 본쉬는 각각 도호부사와 현임 수령을 의미하는데, 삼척부사를 지낸 1847년부터 1848년 사이에 영모정서를 작성했음을 뜻한다.

특이 사항 | 표지가 없다. 본지 1면에 소장인이 있다.

영모정유사 永慕亭遺事

문서 번호(목록) | 51(항길6)

서체 및 판본 | 해서체, 곽란이 있는 필사본

권·책 | 1권 1책

크기(가로×세로, cm) | 18.2×28 **면수** | 50

발행인(처) 및 편찬 시기 | 강릉김씨, 19세기

내용 | 김구혁(金九爀)이 영모정의 창건을 주창한 이래의 사적과 재원(財源) 등에 관한 사항을 담은 책. 영모정창건시사적(永慕亭刱建時事蹟)·종중입령(宗中立令)·시향제의(時享祭儀)·남재유사(南齋遺事)·북재유사(北齋遺事) 등으로 구성되어 있다. 영모정의 창건 과정과 소요 비용을 자세히 알 수 있다.

특이 사항 | 본지 1면에 소장인이 있다.

영모정집록 永慕亭輯錄

문서 번호(목록) | 52(항길4)

서체 및 판본 | 해서체, 곽란이 있는 필사본

권·책 | 2권 2책

크기(가로×세로, cm) | 19.5×30(1~2책)

면수 | 158(1책), 94(2책)

발행인(처) 및 편찬 시기 | 강릉김씨, 19세기

내용 | 권지초(卷之初)와 권지이(卷之二)의 두 책으로 구성되어 있다. 권초에는 다만 '영모정집록'이라고만 한 반면 권2에는 권수(卷數)가 붙었으므로, 단권으로 써내려 가다가 권2로 내용을 보완한 것으로 추정된다. 권초에는 기(記), 서(序), 상량문(上樑文), 발(跋), 서영모정첩후(書永慕亭帖後), 소서(小序)를 아우른 시(詩)가 차례대로 수록되었고 팔영원운(八詠原韻)이 이어진다. 권초의 후반부와 권2에는 강릉김씨, 강릉최씨, 남양홍씨 등 종중의 관련인은 물론 의성김씨, 광산김씨 등의 주변인들이 작성한 팔영원운이 게재되었다.

특이 사항 | 두 책 모두 본지 3면에 소장인이 있다.

용정성치파종첩 龍井城峙派宗帖

문서 번호(목록) | 53(항길54)

서체 및 판본 | 해서체, 곽란이 있는 필사본

권·책 | 1권 1책

크기(가로×세로, cm) | 21.5×31.5

면수 | 40

발행인(처) 및 편찬 시기 | 강릉김씨 용정성치파, 미상

내용 | 강릉김씨 용정성치파의 종첩. 종손의 이름과 출생 연도가 기재되어 있고, 자(字)를 기록한 경우도 있다.

특이 사항 | 본지 1면에 소장인이 있다.

용정제일첩 龍亭第一帖 계일승운하처재 繫日乘雲何處在

문서 번호(목록) | 54(항길60)

서체 및 판본 | 초서·해서체, 곽란이 있는 필사본

권·책 | 첩

크기(가로×세로, cm) | 21.5×36.2

면수 | 76

발행인(처) 및 편찬 시기 | 강릉김씨, 19세기

내용 | 태극도(太極圖)~성학십도(聖學十圖). 탁본첩이다. 영모정에 차운(次韻)한 10여 편의 시가 있다.

특이 사항 | 반대쪽 표지에 '구봉정사영모정시서(九峯精舍永慕亭詩序)'라는 문구가 있다. 목록에는 '영모정시서(永慕亭詩序)'로 수록되었다.

을축십일월일책계좌목책 乙丑十一月日冊稧座目冊

문서 번호(목록) | 55

서체 및 판본 | 행서체, 곽란이 없는 필사본

권·책 | 1권 1책

크기(가로×세로, cm) | 41×24.5

면수 | 16

발행인(처) 및 편찬 시기 | 강릉김씨, 19세기

내용 | 책계입령(冊稧立令)과 좌목(座目)으로 구성된 책. 좌목에는 김한조(金漢祚) 등 6명이 기록되었다.

애헌유고 艾軒遺稿

문서 번호(목록) | 56(항길20)

서체 및 판본 | 해서체, 곽란이 없는 필사본

권·책 | 1권 1책

크기(가로×세로, cm) | 18×26

면수 | 140

발행인(처) 및 편찬 시기 | 최종원, 1887년

내용 | 최종원(崔鍾遠)의 유고와 후손들의 시를 모아 놓은 책. 애헌은 최종원의 호인 창애헌(滄艾軒)에서 왔다. 표제는 애헌잡저(艾軒雜著)이며, 시(詩)·소서(小序)·제문(祭文)·기우문(祈雨文)·고청제문(告淸祭文)·상량문(上樑文)·강릉최씨가승발(江陵崔氏家乘跋)·제성황문(祭城隍文)·기몽(記夢)·묘비(廟碑) 등이 수록되었다.

특이 사항 | 본지 1면에 소장인이 있다. 마지막 면에 '창애헌문집(滄艾軒文集) 정해(丁亥)'라는 문구가 있다.

위문록 慰問錄 선 璿 병신년 丙申年

문서 번호(목록) | 57

서체 및 판본 | 행서체, 곽란이 없는 필사본

권·책 | 1권 1책

크기(가로×세로, cm) | 17×24.5

면수 | 16

발행인(처) 및 편찬 시기 | 항길고택, 1836년 3월

내용 | 병신년 3월 위문 명단.

특이사항 | 표지에 “병신년 3월 21일 인시에 별세하였다[丙申三月二十一日寅時別世]”라는 문구가 있다.

위문록 慰問錄 병인년 丙寅年

문서 번호(목록) | 58

서체 및 판본 | 행서·해서체, 곽란이 없는 필사본

권·책 | 1권 1책

크기(가로×세로, cm) | 26.5×29

면수 | 54

발행인(처) 및 편찬 시기 | 항길고택, 1866년 8월

내용 | 병인년 8월 위문 명단.

특이사항 | 표지에 “병인년 8월 21일에 고복하였다[丙寅八月二十一日皐復]”라는 문구가 있다.

위문록 慰問錄 기사년 己巳年

문서 번호(목록) | 59

서체 및 판본 | 행서체, 곽란이 없는 필사본

권 · 책 | 1권 1책

크기(가로×세로, cm) | 20×28.5

면수 | 104

발행인(처) 및 편찬 시기 | 항길고택, 1869년 3월

내용 | 기사년 3월 위문 명단.

특이사항 | 표지에 "기사년 3월 25일 해시에 고복하였다[己巳三月二十五日亥時皐復]"라는 문구가 있다.

위문록 慰問錄 신묘년 辛卯年

문서 번호(목록) | 60

서체 및 판본 | 행서체, 곽란이 없는 필사본

권 · 책 | 1권 1책

크기(가로×세로, cm) | 22×27

면수 | 76

발행인(처) 및 편찬 시기 | 항길고택, 1891년 5월

내용 | 신묘년 5월 위문 명단.

특이사항 | 표지에 "신묘년 5월 3일 미시에 고복하였다[辛卯五月初三日未時皐復]"라는 문구가 있다.

위문록 慰問錄　병신년 丙申年

문서 번호(목록) | 61

서체 및 판본 | 해서체, 곽란이 없는 필사본

권·책 | 1권 1책

크기(가로×세로, cm) | 17.2×26

면수 | 80

발행인(처) 및 편찬 시기 | 항길고택, 1896년 10월

내용 | 병신년 10월 위문 명단.

특이사항 | 표지에 "병신년 10월 2일 진시(에 별세하였다)[丙申十月初二日辰時]"라는 문구가 있다.

위문록 慰問錄 **단** 單 **정미년** 丁未年

문서 번호(목록) | 62

서체 및 판본 | 해서체, 곽란이 없는 필사본

권·책 | 1권 1책

크기(가로×세로, cm) | 16.5×24.5

면수 | 112

발행인(처) 및 편찬 시기 | 항길고택, 1907년 3월

내용 | 정미년 4월 위문 명단.

특이사항 | 표지에 "정미년 4월 11일 오시에 별세하였다[丁未四月十一日午時別世]"라는 문구가 있다.

위문록 慰問錄 (가칭)

문서 번호(목록) | 63

서체 및 판본 | 해서체, 곽란이 없는 필사본

권·책 | 1권 1책

크기(가로×세로, cm) | 19.2×11.3

면수 | 118

발행인(처) 및 편찬 시기 | 항길고택, 1859년 1월

내용 | 기미년 정월 위문 명단.

특이 사항 | 표지가 없다.

제문 祭文

문서 번호(목록) | 64

서체 및 판본 | 해서체, 곽란이 없는 필사본

권·책 | 1권 1책

크기(가로×세로, cm) | 17×24.5

면수 | 70

발행인(처) 및 편찬 시기 | 강릉김씨, 1896년 11월 21일

내용 | 제문(祭文)과 만시(輓詩)를 모아서 엮은 책. 표지에 '병신십일월이십일일(丙申十一月二十一日)'이라는 일자가 기재되어 있다.

조훈 祖訓

문서 번호(목록) | 65(항길1)

서체 및 판본 | 해서체, 곽란이 없는 필사본

권 · 책 | 3권 1책

크기(가로×세로, cm) | 18.2×27.7

면수 | 78

발행인(처) 및 편찬 시기 | 강릉김씨, 1902년

내용 | 상권(上卷) · 중권(中卷) · 하권(下卷)과 조훈후(祖訓後)로 구성된 책. 강릉김씨 후손들에게 귀감이 될 만한 선현, 선유(先儒) 들의 글을 모았고, 관련 시(詩) · 제문(祭文) · 만사(挽詞)도 함께 수록되어 있다.

특이 사항 | '임인십이월(壬寅十二月)'이라는 간행 시기가 확인된다. 본지 3면에 소장인이 있다.

좌목 座目 갑자년 甲子年

문서 번호(목록) | 66

서체 및 판본 | 해서체, 곽란이 없는 필사본

권·책 | 1권 1책

크기(가로×세로, cm) | 18×27

면수 | 20

발행인(처) 및 편찬 시기 | 항길고택, 1864년 12월

내용 | 갑자년 납월의 좌목(座目).

항길고택일기 恒吉古宅日記

문서 번호(목록) | 67(항길67~68, 86 등)

서체 및 판본 | 초서 · 행서 · 해서체, 곽란이 있는 목판본

권 · 책 | 123권 12책

크기(가로×세로, cm) | 18.7×29.4 등

면수 | 총 3,872

발행인(처) 및 편찬 시기 | 김치련 등(항길고택), 1747~1904년

내용 | 책력(冊曆)의 상단 여백 및 해당 일자에 여러 가지 정보를 단편적으로 기록해 놓은 자료. 형식이나 제목, 내용이 상이하지만 기록들을 종합하여 분석하면 일기(日記)의 형태로 쓰였음을 알 수 있다. 1747~1904년까지 157년 가운데 33년의 기록이 누락되어 총 124년에 걸친 내용을 확인할 수 있다. 순서대로 보자면 『동우광음(東愚光陰)』 1책, 제목 미상(自甲子至癸酉), 『동우광음』 2책, 『대청광서십사년시헌서(大淸光緖十四年時憲書)』, 제목 미상(癸酉年, 1753), 제목 미상(癸巳年, 1773), 『정중심반(靜中心伴)』, 제목 미상(乙卯年, 1795), 『구봉광음(九峯光陰)』, 『속재거저(俗齋居諸)』, 『면속재광음(免俗齋光陰)』, 제목 미상(己亥年, 1839) 등이다. 내용과 제목으로 쓰인 호로 미루어 김치련(金致璉, 1720~1794), 김응조(金膺祚, 1755~1817), 김시학(金時鶴, 1779~1830), 김구혁(金九爀, 1798~1874), 김연정(金演政, 1820~1896), 김선경(金善卿, 1843~1885), 김태진(金泰振, 1875~1929) 등이 저술한 것으로 추정된다.

특이 사항 | 목록에는 『동우광음』(항길67, 2책), 『구봉광음』(항길68, 2책), 『속재거저』(항길86, 1책) 등 5책이 기재되어 있다. 삼척영장(三陟營將), 울릉도 수토(搜討)와 관련한 단편적인 기록들이 산견된다.

호해정유집 湖海亭遺集

문서 번호(목록) | 68(항길87)

서체 및 판본 | 해서체, 곽란이 있는 활자본

권·책 | 3권 1책

크기(가로×세로, cm) | 20.6×28

면수 | 111

발행인(처) 및 편찬 시기 | 김계건 · 김용경 · 최만희, 20세기

내용 | 상사공(上舍公) 김계건(金啓鍵)의 『호해정유고(湖海亭遺稿)』를 보완한 책. 후손인 김용경(金龍卿)과 최만희(崔晩熙)가 발간하였다. 3권으로 구성되었는데 권1은 시(詩), 권2는 제문(祭文), 권3은 부록(附錄)이다. 부록에는 행장(行狀), 묘갈명(墓碣銘), 방목(榜目), 부후서(附後序), 발(跋) 등이다. 방목은 '현종경자년식년사마방목(顯宗庚子年式年司馬榜目)'으로 김계건이 생원시 3등(1/70)으로 입격한 기록이 있다.

호해집 湖海集

문서 번호(목록) | 69(항길19)

서체 및 판본 | 해서체, 곽란이 있는 필사본

권·책 | 2권 1책

크기(가로×세로, cm) | 18×27.2

면수 | 124

발행인(처) 및 편찬 시기 | 김계건·김사혁, 1849

내용 | 기유년(1849)에 김사혁(金思爀)이 지은 김계건(金啓鍵)의 『호해유고(湖海遺稿)』이다. 권수제는 '호해유고(湖海遺稿) 권지일(卷之一)', '호해유고(湖海遺稿) 권지이(卷之二)'이다. 김사혁이 지은 서문[生員金公遺稿後序]과 권1~2로 구성되어 있다. 시(詩)를 비롯하여 서(書)·제문(祭文)이 수록되었고, 생전에 김계건이 지은 문서도 보인다. 17세기 초에 해당하는 만력(萬曆) 연간의 자료들도 있어 참고가 된다.

특이 사항 | 표지에 '시문(詩文)'이라고 기재되어 있다.

Ⅱ

삼척(三陟) 자료

Ⅱ장은 항길고택이 있었던 삼척에 관한 자료들이다. 항길고택의 옛터는 현재 강원도 동해시에 속하지만, 문서의 대부분이 작성된 시기에는 삼척부(三陟府) 혹은 삼척군(三陟郡)이었다. 따라서 항길고택문고는 삼척을 중심으로 오늘날의 강릉 · 동해 지역을 이해하는 데 중요한 단서를 제공한다.

항길고택문고에는 삼척 지역에 대한 자료들이 확인된다. 삼척향교 관련 자료, 용산서원 혹은 용산서당 관련 자료, 『척주지(陟州誌)』 · 『진주지(眞珠誌)』 등 여러 종의 읍지류, 삼척도호부사(三陟都護府使)의 재임 명단인 선생안(先生案), 현지의 이름난 인물의 행적을 수록한 절의록(節義錄)이 그것이다. 모두 조선시대 강원도 삼척 지역에 대한 연구에 유용한 자료들이다.

삼척 관련 자료는 총 9건으로 정리하였다. 조선시대는 물론 현대에 이르기까지 삼척의 역사를 이해하는 데 도움을 줄 것이다. 그 밖에 역사와 관련한 자료들이 적지 않지만, 삼척과 직접적인 연관성이 없는 자료들은 기타 부분에 수록하였다. 이 자료들을 종합적으로 검토하는 작업이 진행된다면, 삼척 인근의 역사는 물론 한국사의 한 단면을 살피는 데도 큰 도움이 될 것이다.

삼척교지 三陟校誌 **전** 全

문서 번호(목록) | 1

서체 및 판본 | 해서체, 곽란이 있는 석인본

권·책 | 3권 1책

크기(가로×세로, cm) | 19.2×28.5

면수 | 185

발행인(처) 및 편찬 시기 | 심지황, 1956년

내용 | 강원도 삼척향교의 역사와 사적을 기술한 향교지. 심지황(沈之潢, 1888~1964)이 권수(卷首)와 세 권을 한 책으로 엮었다. 권수는 도통연원도(道統淵源圖)·성현진상(聖賢眞像)·문묘약도(文廟略圖)·전무위차도(殿廡位次圖) 등으로 구성되어 있다. 권1은 건치연혁(建置沿革)·문묘위차(文廟位次)·성현약사(聖賢略史), 권2는 석전제의(釋奠祭儀)·헌관제집사(獻官諸執事)·성생(省牲)·제물록(祭物錄)·제기록(祭器錄)·제복록(祭服錄)·석전진설도(釋奠陳設圖)·석전홀기(釋奠笏記)·축판식(祝板式)·알성의(謁聖儀)·토지목록(土地目錄)·기구목록(器具目錄)·서적목록(書籍目錄)·문류(文類), 권3은 원사록(院祠錄)·팔도서원훼철기적비(八道書院毁撤紀蹟碑)·유생안(儒生案)·향안(鄕案)·횡원동고록(黌院同苦錄)·임원록(任員錄)이 수록되었다.

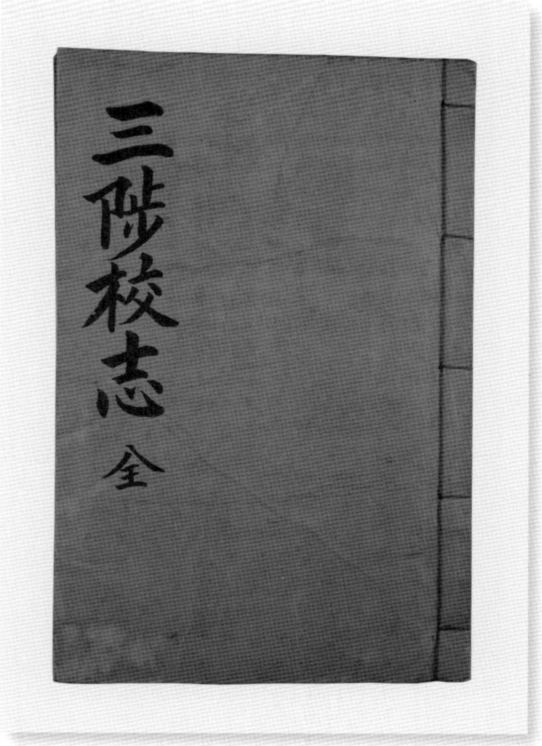

특이 사항 | 책의 측면에 발간 연도(1956)가 표기되어 있다.

용산서원지 龍山書院誌

문서 번호(목록) | 2(항길89)

서체 및 판본 | 해서체, 곽란이 있는 석인본

권·책 | 2권 1책

크기(가로×세로, cm) | 18.7×27.7

면수 | 206

발행인(처) 및 편찬 시기 | 홍순횡·최만희, 1964년

내용 | 조선시대에는 삼척도호부(三陟都護府)에 속했던 강원도 동해시 소재 용산서원에 관한 기록이다. 용산서원은 숙종 계미년(1703)에 부사로 도임한 이세필(李世弼)의 선정(善政)을 기리고자 을유년(1705)에 지방의 유림들이 생사당(生祠堂)과 흥학비각(興學碑閣)을 건립하여 용산사(龍山祠)라고 한 데서 시작하였다. 『용산서원지』는 1964년에 출간되었고, 홍순횡(洪淳鐄)에 서문을 쓰고 최만희(崔晩熙)가 발문을 썼다. 2권 1책으로 구성되어 있다. 권1에는 지명연혁(地名沿革)·서원사적(書院事蹟)·학규(學規)·법(法)·용산서당(龍山書堂)·서당계명록(書堂契名錄)·입령(立令)·용산사액(龍山祠額)·위판(位版)·봉안시자본택서송의절(奉安時自本宅書送儀節)·춘추향사의절(春秋享祀儀節)·강당중수전말(講堂重修顚末)·사우급익랑중수전말(祠宇及翼廊重修顚末)·사실기(事實記)·익랑중수기(翼廊重修記)·사우급강당중수전말(祠宇及講堂重修顚末)·사적발(事蹟拔)·서원급강당중건기(書院及講堂重建記)·중건사적(重建事蹟)·중창기(重刱記)·흥학비각중건기(興學碑閣重建記)·관첩(關牒)·제현잡영(諸賢雜詠)·용산팔경(龍山八景)·청금록(靑衿錄)·임록(任錄)·전답복정절목(田畓卜定節目)이 수록되었다. 권2는 율곡(栗谷) 이이(李珥)·우암(尤菴) 송시열(宋時烈)·구천(龜川) 이세필(李世弼) 등에 대한 기록을 모은 삼선생사행록(三先生事行錄)이 주를 이룬다. 세 인물의 문인록(文人錄)·유사(遺事) 등을 수집하여 두루 열거하였고 그 뒤로 복원시의손명록(復院時義損名錄)·토지목록(土地目錄)이 있다.

특이 사항 | 목록에는 '용산서원록(龍山書院錄) 단(單)'으로 기재되어 있다.

용산잡영 龍山雜詠

문서 번호(목록) | 3(항길89)

서체 및 판본 | 해서체, 곽란이 있는 필사본

권 · 책 | 1권 1책

크기(가로×세로, cm) | 18×17.2

면수 | 64

발행인(처) 및 편찬 시기 | 미상

내용 | 용산서원(龍山書院)에 대한 시가(詩歌)를 엮은 책.

특이 사항 | '정사중춘시가(丁巳仲春始袈)'라는 문구가 있어 정사년 2월에 필사했음을 알 수 있다. 용산서원은 1705년에 이세필(李世弼, 1642~1718)이 건립하여 삼척 지역 사족들이 결속하는 중요한 공간이 되었으나, 1868년에 훼철되었다. 그사이의 정사년은 1737년, 1797년, 1857년 등인데, 이 가운데 1857년을 지칭하는 것으로 보인다.

진주지 眞珠誌 **전** 全

문서 번호(목록) | 4

서체 및 판본 | 해서체, 곽란이 있는 활자본

권·책 | 4권 1책

크기(가로×세로, cm) | 20×30.3

면수 | 282

발행인(처) 및 편찬 시기 | 최만희 등(삼척향교, 출판사: 회상사), 1963년(단기 4296) 6월

내용 | 삼척군유도회가 계획하고, 최만희(崔晩熙)·홍종범(洪鍾凡)이 주도하여 관련 자료를 수집, 편집하여 4권 1책으로 간행한 지리지. 종래에 발간된 삼척 지역의 지리지를 참고하여 발간한 마지막 한문본 읍지이다. 앞에 '척주지서(陟州誌序)'를 넣음으로써 기존의 『척주지』를 계승, 보완한 것임을 밝혔다. 총 78조로 구성되었으며, 권별 수록 내용 항목은 다음과 같다. 권1은 발간 서문·발문·척주지서 4편·건치연혁(建置沿革)·군명(郡名)·성씨(姓氏)·풍속(風俗)·형승(形勝)·산천(山川)·읍면리(邑面里)·호구(戶口)·군액(軍額)·토지(土地)·부세(賦稅)·토산(土産)·진상(進上)·제언(堤堰)·도로(道路)·영로(嶺路)·교량(橋梁)·궁실(宮室)·단사(壇祠)·공해(公廨)·관공서(官公署)·기업체

(企業體)·창고(倉庫)·성곽(城郭)·시장(市場)·역원(驛院)·정거장(停車場)·발참(撥站)·우체(郵遞)·봉수(烽燧)·관방(關防)·조련홀기(操鍊笏記)·고적(古蹟), 권2는 누정(樓亭)·교원(校院)·학교(學校)·사찰(寺刹)·교회(敎會)·영백(營伯)·읍재(邑宰)·찰방(察訪)·영장(營將)·경찰서장(警察署長)·세무서장(稅務署長)·교육감(敎育監)·참봉(參奉)·관원(官員), 권3은 문과(文科)·무과(武科)·사마(司馬)·음사(蔭仕)·수직(壽職)·우거(寓居)·적거(謫居)·문행(文行)·필원(筆苑)·자선(慈善)·충의(忠義)·효자(孝子)·효부(孝婦)·효녀(孝女)·열녀(烈女)·규행(閨行)·기류(妓流)·명석(名釋)·향안(鄕案)·달사(達士)·읍면장(邑面長)·재임(齋任), 권4는 능묘(陵墓)·비판(碑版)·책판(冊板)·문류(文類)·사변(事變)·재이(災異)·제영(題詠)·총담(叢談)·별곡(別曲)이다. 편년은 역대 임금의 묘호[國朝廟號], 1910년 7월 이후는 갑자로 표기하였다.

특이 사항 | 『척주지』(1946)에 수록되었던 일제 관련 내용을 대거 삭제한 흔적이 보인다. 또 건치연혁 조에 울릉군(鬱陵郡)이 포함되고 독도(獨島)라는 명칭을 쓴 점도 확인된다.

척주선생안 陟州先生案 단 單

문서 번호(목록) | 5(항길12)

서체 및 판본 | 해서체, 곽란이 있는 필사본

권·책 | 1권 1책

크기(가로×세로, cm) | 18×28

면수 | 130

발행인(처) 및 편찬 시기 | 김구혁 등, 미상

내용 | 강릉김씨 감찰공파의 김구혁(金九爀)이 편찬하였다. 김구혁이 작성한 선생안개서서(先生案改書序)에 따르면, 1816년(순조 16) 증조부로부터 책을 물려받아 40여 년 동안 계속해서 써 왔기 때문에 종이가 오래되고 낡아 흐릿해지고 연호와 묘호 등이 상세하지 않고 틀린 부분이 많아서, 1855년(철종 6)에 새 책을 만들어 썼다고 하였다. 즉 김구혁이 기존의 선생안에 문제점이 있자 전해져 오던 선생안을 새롭게 재작성한 것이다. 이로 인해 본서는 관원의 명단에 그치지 않고 재임 기간에 발생한 주요 사건들이 비교적 상세히 기록되었다. 크게 선생안과 척주지략(陟州誌略) 등 두 부분으로 구성되어 있다. 선생안은 진주부선생안(眞珠府先生案) 권지일(卷之一)로 기재되었지만, 따로 권별 구분은 없다. 1369년(공민왕 18)부터 1904년

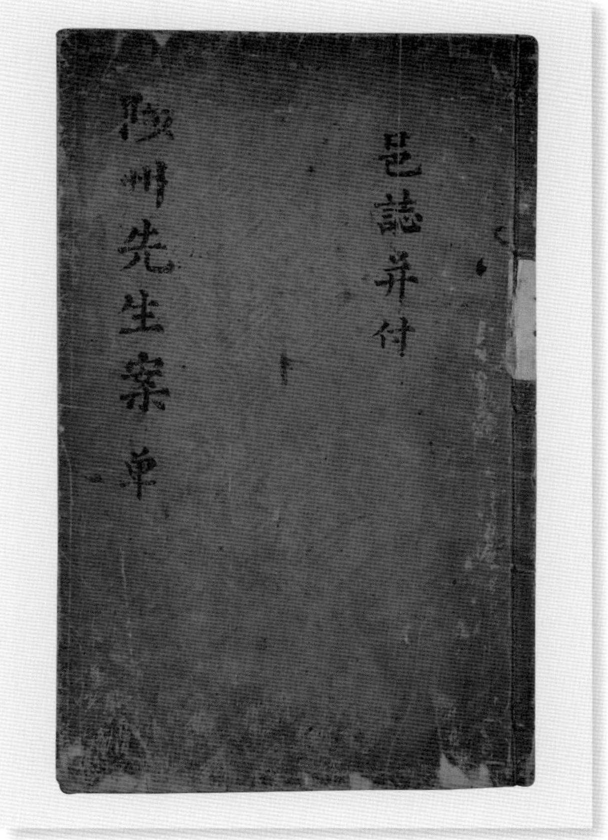

(고종 41)까지의 부사 · 군수 등이 수록되었다. 수록된 인물의 재임 연도로 보아, 김구혁의 후손들이 지속적으로 보완한 것으로 추정된다. 선생안 뒤에는 『척주지(陟州誌)』의 내용을 아주 간략하게 기재한 척주지략을 부기하였다.

특이 사항 | 본지 3면에 소장인이 있다.

척주절의록 陟州節義錄

문서 번호(목록) | 6(항길88)

서체 및 판본 | 해서체, 곽란이 있는 필사본

권·책 | 2권 2책

크기(가로×세로, cm) | 18×28.5(1책), 18×28(2책)

면수 | 82(1책), 32(2책)

발행인(처) 및 편찬 시기 | 김구혁, 1848~1859년

내용 | 삼척 지역에서 절의(節義)·학행(學行)·효행(孝行)·열행(烈行) 등으로 이름난 인물 39명을 선별하여 수록한 인명 사전. 선별된 인물의 이름·자·호·초명(初名)·본관·관력(官歷)·선대(先代)와 더불어 행적을 기록하였다. 상(上)·하(下) 2책이며, 상책은 절의록서(節義錄序)와 절의록(節義錄), 하책은 충효열행록(忠孝烈行錄)으로 구성되어 있다. 서문 앞에 척주절의록권일(陟州節義錄卷一)이라고 했지만, 이후 권별 구분은 따로 없다.

특이 사항 | 상책과 하책 모두 본지 1면에 소장인이 2개씩 있다. 영인본(1991, 삼척향토문화연구회) 및 국역본(1997, 강원대학교 강원문화연구소)이 발간되었다.

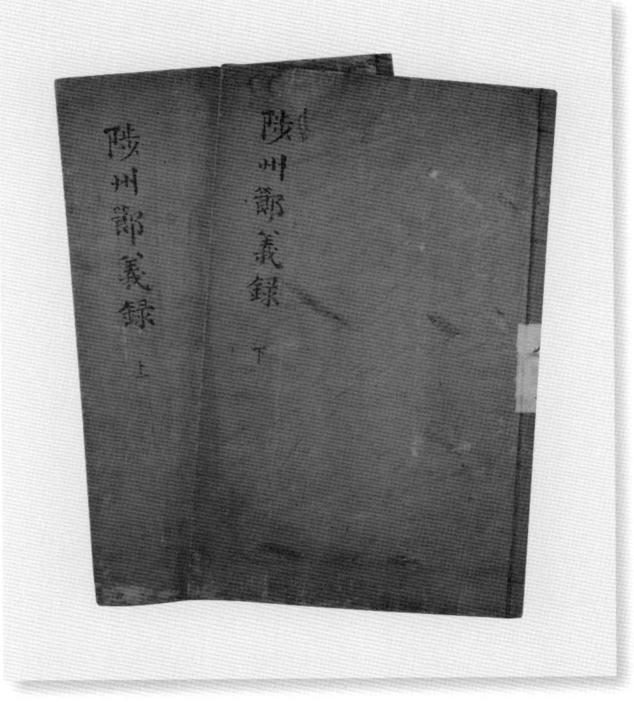

척주지 陟州誌

문서 번호(목록) | 7(항길91)

서체 및 판본 | 해서체. 곽란이 있는 필사본

권·책 | 2권 2책

크기(가로×세로, cm) | 18.2×27.1(1책), 18×27.5(2책)

면수 | 142(1책), 114(2책)

발행인(처) 및 편찬 시기 | 김종언, 19세기

내용 | 상(上)·하(下) 2책으로 구성된 삼척의 지리지. 1책(상)은 권1, 2책(하)은 권2이다. 김종언(金宗彦, 1818~1888)이 허목(許穆, 1595~1682)의 『척주지(陟州誌)』 등 기존에 편찬된 삼척의 읍지를 보완할 필요가 있다고 여겨서 작성하였다. 1책은 허목의 『척주지』에 실린 서문과 김종언이 『척주지』를 새로 편찬하게 된 동기를 밝히고 있다. 다음으로 전국 8도의 관리와 관리 인원 등을 다룬 뒤 「본주지(本州誌)」로 시작하면서 각 마을의 위치와 간략한 역사를 다루고 또 「본조국기(本朝國忌)」를 추가하였다. 2책에서는 건치연혁(建置沿革)·고호(古號)·성씨(姓氏)·산천(山川)·사찰(寺刹)·성지(城池)·진보(鎭堡)·봉수(烽燧)·단묘(壇廟)·능묘(陵墓)·궁실(宮室)·누정(樓亭)·형승(形勝)·도서(島嶼)·울릉도(鬱陵島)·역원(驛院)·풍속(風俗)·고적(古蹟) 등을 다루었다. 허목의 『척주지』를 모본으로 삼으면서도 변경된 부분을 추가하였다.

특이 사항 | 1책은 본지 5면, 2책은 본지 1면에 소장인이 있다. 1책 표지에는 '국기부(國忌附) 팔도주명(八道州名)', 2책 표지에는 '형승(形勝) 시문(詩文) 병부(幷附)'라는 문구가 있다. 권2에 수록된 도서(島嶼) 항목이 아닌 별도의 항목으로 울릉도(鬱陵島)를 두었다.

陟州誌 上
陟州誌 下
形勝
詩文
幷附

척주지 陟州誌 전 全

문서 번호(목록) | 8(항길93)

서체 및 판본 | 해서체. 곽란이 있는 석인본

권·책 | 6권 1책

크기(가로×세로, cm) | 17.8×25.6

면수 | 134

발행인(처) 및 편찬 시기 | 최만희(삼척향교), 1946년(단기 4279) 3월

내용 | 최만희(崔晩熙), 김희경(金禧卿), 홍용학(洪鏞學) 등이 삼척 지역의 역사와 지리, 고적을 정리하여 편찬한 지리지. 새로운 정보를 다수 추가하면서도 기존에 발간된 수 종의 『척주지』를 적극 활용하였다. 서(序)·척주지서(陟州誌序)·삼척군지서(三陟郡誌序)·범례(凡例)·인용서목(引用書目)·목록(目錄)·건치연혁(建置沿革)·군명(郡名)·성씨(姓氏)·풍속(風俗)·형승(形勝)·산천(山川)·기후(氣候)·읍면리(邑面里)·호구(戶口)·군액(軍額)·토지(土地)·부세(賦稅)·토산(土産)·제언(堤堰)·도로(道路)·교량(橋梁)·궁실(宮室)·단사(壇祠)·신사(神祠)·공해(公廨)·관공서(官公署)·창고(倉庫)·성곽(城廓)·시장(市場)·역원(驛院)·우편(郵便)·정거장(停車場)·봉수(烽燧)·관방(關防)·고적(古蹟)·교원(校院)·학교(學校)·사찰(寺刹)·누정(樓亭)·영백(營伯)·읍재(邑宰)·인물(人物)·문과

(文科)·무과(武科)·사마(司馬)·음사(蔭仕)·수직(壽職)·우거(寓居)·적거(謫居)·유행(儒行)·문행(文行)·사원(詞苑)·필원(筆苑)·자선(慈善)·충의(忠義)·효행(孝行)·열행(烈行)·규행(閨行)·기류(妓流)·명석(名釋)·향안(鄕案)·능묘(陵墓)·비판(碑版)·책판(冊板)·향음(鄕飮)·사변(事變)·재이(災異)·제영(題詠)·총담(叢談)·발(跋) 등이 총 여섯 권으로 수록되었다.

특이 사항 ǀ 본래 삼척군 소속 섬이었다는 이유로 당시 별도의 행정구역이 된 울릉군(울릉도)을 포함시켰다고 서문에 밝히고 있다. 종래의 『척주지』를 보완하는 차원에서 울릉도 관련 사실을 제외시키지 않았다는 의미이다. 권4에 '울릉도관원(鬱陵島官員)'이라는 항목에 신라시대 이사부(異斯夫)로부터 1912년 군수로 부임한 홍종욱(洪鍾旭)에 이르기까지 명단으로 작성하여 수록하였다. 표지에 '항길(恒吉)'이라는 문구를 기재하고 소장인을 날인하여 소장처를 밝혔다.

횡헌시첩 黌軒詩帖 단 單

문서 번호(목록) | 9(항길3)

서체 및 판본 | 해서체. 곽란이 있는 석인본

권·책 | 1권 1책

크기(가로×세로, cm) | 17.5×27

면수 | 82

발행인(처) 및 편찬 시기 | 김구혁, 1854년

내용 | 삼척향교에 대한 시집. 횡헌(黌軒)은 지방향교의 재실(齋室)을 뜻한다. 을유년(1825) 봄 삼척향교의 재실을 중수한 뒤, 동년 맹하(孟夏) 그믐에 낙성연(落成宴)을 치르면서 지은 시를 모아 놓은 책이다. 병신년(1836)의 방목이 덧붙여 있다. 가장 뒤에 수록된 '횡헌시축(黌軒詩軸)'의 서문에 갑인년(1854)이 등장하는 것으로 보아, 이때 편찬된 것으로 추정된다. 이 책은 크게 교궁중수시(校宮重修詩), 병신팔월이십일홍천향한성시방목(丙申八月二十日洪川鄕漢城試榜目), 횡헌시축의 세 부분으로 구성된다. 교궁중수시의 서문은 김종로(金宗魯)가 썼고, 이어 당시 삼척부사였던 민사관(閔師寬, 재임: 1822~1826)을 비롯하여 최홍로(崔弘魯)·김종집(金宗鏶)·홍종도(洪鍾導)·정이간(鄭履侃)·최익장(崔翼章)·홍종덕(洪鍾德)·홍진구(洪鎭九)·김구혁(金九爀)·김정혁(金廷爀)·김

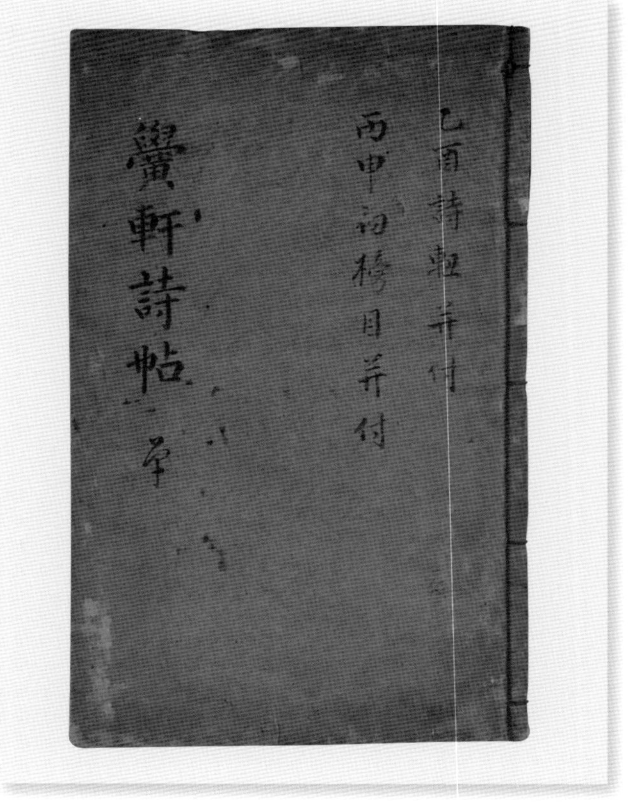

사혁(金思爀) · 김주혁(金周爀) 등이 지은 시 12편이 수록되어 있다. 1836년 8월 20일의 방목은 각기 1~3등으로 구성된 진사(進士)와 생원(生員) 명단이며, 인물마다 부친의 이름과 거주지가 수록되었다. 다만, 부친의 이름은 총 90명 가운데 10명을 제외하고는 공백으로 남아 있다. 방목 뒤에는 김구혁이 서문을 쓴 '횡헌시축'이 있으며, 최익정(崔翼楨) 등의 서(序) · 소서(小序) · 시(詩)가 수록되었다.

특이 사항 | 표지에 '을유시인병부(乙酉詩軔幷付) 병신초방목병부(丙申初榜目幷付)'라는 문구가 있다.

Ⅲ

문집(文集)

항길고택문고에는 다양한 문집들이 소장되어 있다. 다만, 소장 문집류 대부분이 강릉김씨와 직접적인 연관이 있어서, 이를 제외하면 분량 면에서 가장 적은 편이다. 이 장에 수록된 문집류는 김시습의 『매월당시집(梅月堂詩集)』처럼 완연한 시문집의 형태를 갖춘 경우도 있지만, 주로 1책으로 정리된 것들이다. 그 밖에 『명재집(明齋集)』과 같이 문집의 일부를 발췌한 경우도 있고, 유사(遺事)와 실기(實記)도 각 1건씩 확인된다. 이를 문집류로 일괄하여 하나의 장에 정리함으로써 항길고택 소장 도서의 현황 파악을 용이하게 하였다.

검남집 劍南集

문서 번호(목록) | 1(항길32)

서체 및 판본 | 해서체, 곽란이 없는 필사본

권·책 | 1권 1책

크기(가로×세로, cm) | 18×25.7

면수 | 162

발행인(처) 및 편찬 시기 | 육유, 12세기

내용 | 중국 남송의 대표적인 항전주의자이자 시인인 육유(陸游, 1125~1210)의 『검남집』에 수록된 칠언시(七言詩)를 모아서 엮은 책이다. 저자로 표기된 '산음육유자무관호방옹(山陰陸游字務觀號放翁)'은 육유의 자(字)가 무관(務觀), 호(號)가 방옹(放翁)인 데서 비롯되었다.

특이 사항 | 책 옆에 '23(二十三)'으로 기록되어 있으나, 이(二)와 삼(三)을 잘못 쓴 듯하다. 표지 뒷면에 '방옹집(放翁集)'이라는 문구가 있다. 본지 3면에 소장인이 있다.

도장선생유사 道庄先生遺事 단 單

문서 번호(목록) | 2(항길64)

서체 및 판본 | 해서체, 곽란이 있는 목판본

권·책 | 2권 1책

크기(가로×세로, cm) | 21×31.5 **면수** | 150

발행인(처) 및 편찬 시기 | 홍순성, 1848년

내용 | 홍순성(洪淳晟)이 홍견(洪堅, 1535~1610)에 관한 글을 모아 놓은 책. 삼척도호부사 서호순(徐灝淳, 1789~1848)이 지은 서문 도장선생유사서(道庄先生遺事序)가 있다. 1권에는 평생록(平生錄)·유서(遺書)·군수록(軍需錄)·무과방목(武科榜目)·사우록(師友錄)이 수록되었고, 2권은 어제시(御製詩)·행장(行狀)·전(傳)·묘갈명(墓碣銘)·묘지명(墓誌銘)·묘사기(墓舍記)·청삼현합향유장(請三賢合享儒狀)·모현사봉안축문(慕賢祠奉安祝文)·상향축(常享祝)·모현사개기고유축(慕賢祠開基告由祝)·묘제축(墓祭祝)·모현사창건기(慕賢祠刱建記)·모현사강당기(慕賢祠講堂記)·풍월암동유록서문(風月巖東遊錄序文)·척주지(陟州誌)·고읍지(古邑誌)·시(詩)·발(跋) 등으로 구성되어 있다. 발문에 '숭정사무신계동구세손면섭근서(崇禎四戊申季冬九世孫勉燮謹書)'라는 문구가 있어 1848년에 제작되었음을 알 수 있다.

특이 사항 | 본지 1면에 소장인이 있다.

명재집 明齋集 초 抄

문서 번호(목록) | 3(항길31)

서체 및 판본 | 해서체, 곽란이 있는 필사본

권·책 | 1권 1책

크기(가로×세로, cm) | 16.6×25

면수 | 124

발행인(처) 및 편찬 시기 | 윤증, 18세기

내용 | 윤증(尹拯, 1629~1712)의 『명재선생유고(明齋先生遺稿)』에서 일부 내용을 발췌한 책. 권수제는 '명재선생유고(明齋先生遺稿) 권지삼십(卷之三十) 잡저(雜著)'이다. "『명재집』 가운데 예기(禮記)를 초출하였다[明齋集中抄出禮記]"라는 기록이 확인된다. 현재 천(天)으로 기재된 1책만 있으므로 지(地)·인(人)은 분실된 것으로 추정된다.

특이 사항 | 본지 2면에 소장인이 있다.

매월당시집 梅月堂詩集

문서 번호(목록) | 4(항길8)

서체 및 판본 | 해서체, 곽란이 있는 활자본

권·책 | 24권 6책

크기(가로×세로, cm) | 20×30(1~6책)

면수 | 200(1책), 184(2책), 192(3책), 156(4책), 126(5책), 142(6책)

발행인(처) 및 편찬 시기 | 김시습, 16세기

내용 | 김시습(金時習, 1435~1493)의 시문집. 문집과 시집, 부록 등 24권 6책이나, 목록에는 당초 7권[六又一]이었다고 기록되어 있다. 항길고택문고 소장본은 시집 4책과 문집 1책, 부록 1책 등 6책이다. 1책은 『매월당문집(梅月堂文集)』 권1~6, 2책은 『매월당집(梅月堂集)』 부록(附錄) 권1~2, 3책은 『매월당시집(梅月堂詩集)』 수권(首卷)·권1~4, 4책은 『매월당시집』 권5~9, 5책은 『매월당시집』 권10~12, 6책은 『매월당시집』 권13~15로 구성되어 있다.

특이 사항 | 여섯 책 모두 본지 1면에 소장인이 있다.

초사집 草史集 전 全

문서 번호(목록) | 5(항길82)

서체 및 판본 | 해서체, 곽란이 있는 활자본

권·책 | 5권 1책

크기(가로×세로, cm) | 19.5×28 **면수** | 302

발행인(처) 및 편찬 시기 | 심순모 · 심진홍, 1961년

내용 | 심순모(沈珣模)의 문집. 1961년 손자 심진홍(沈鎭洪) 등이 보완하여 강릉시 남문동 중앙인쇄소에서 발간하였다. 권1~3은 시(詩), 권4는 시(詩) · 서(序) · 기(記) · 문(文) · 표(表), 권5는 부록이다. 부록에는 행장(行狀) · 묘갈문(墓碣文) · 제문(祭文) · 뇌문(誄文) · 만사(輓詞) · 애전(哀箋) 등이 수록되었다.

호봉공실기 壺峯公實紀

문서 번호(목록) | 6(항길107)

서체 및 판본 | 해서체, 곽란이 있는 활자본

권·책 | 2권 1책

크기(가로×세로, cm) | 19.5×31 **면수** | 82

발행인(처) 및 편찬 시기 | 송언신 등, 17세기

내용 | 호봉(壺峯) 송언신(宋彦愼)의 기록을 모은 실기. 1~2권으로 구성되어 있고, '반학공유사(伴鶴公遺事)'가 덧붙여 있다. 표지 옆에 '반학성암병부(伴鶴省庵幷附)'라고 기재되어 있다. 반학은 송일(宋馹, 1557~1640), 성암은 성호(成浩, 1545~1588)이다.

후촌집 後村集 전 全

문서 번호(목록) | 7(항길107)

서체 및 판본 | 해서체, 곽란이 있는 석인본

권·책 | 6권 1책

크기(가로×세로, cm) | 18×25

면수 | 114

발행인(처) 및 편찬 시기 | 남상규, 1977년

내용 | 후촌(後村) 전구심(田求心)의 유고집. 남상규(南相奎)가 쓴 후촌전공유고서(後村田公遺稿序)와 목록, 6권의 유고로 구성되어 있다. 남상규가 전구심의 글 및 그에 대한 글을 모아서 엮었다. 목록은 권1~4까지의 내용을 담고 있으며, 권5~6은 별도의 목록이 있다. 권1은 사(辭)·시(詩), 권2는 연구(聯句)·서(書)·잡저(雜著), 권3은 기(記)·식(識)·명(銘)·상량문(上樑文)·축문(祝文)·제문(祭文)·묘갈명(墓碣銘), 권4는 증별(贈別)·만사(挽詞)·제문·근수후촌당유고후의(謹修後村堂遺藁後議)·후촌당기(後村堂記)·묘갈명·가장(家狀)·행략(行略)·장략(狀略)으로 구성된 부록(附錄)이며 그 뒤에 유고발(遺稿跋)이 있다. 권5는 통문(通文)·장문(狀文)·정문(呈文)·논의(論義)·기(記)이며, 권6은 위장(慰狀)·서찰(書札)로 구성된 부록이다.

Ⅳ

시집(詩集)

항길고택문고 소장 도서 가운데 가장 수량이 많은 것이 시집 혹은 시 모음집이다. 내용과 형식이 매우 다양하며, 총 84종이다. 소장 시집 가운데에는 조선시대의 문인들이 작성한 시를 모은 책이 많고, 중국의 저명한 시를 모아 둔 형태나 학습용으로 사용한 경우도 적지 않다. 시의 형식은 사언·오언·육언·칠언 등 다양하며, 하나의 책에 시가 아닌 다른 글을 함께 엮은 경우도 많다.

소장 시집의 현황은 일목요연하게 제시하기 어렵다. 『항길문고도서목록』에 포함되지 않은 경우가 많은 데다, 상당수의 책은 표지와 본문이 훼손되어 있기 때문이다. 이로 인해 뒤표지에 새겨진 문구나 첫 수의 제목을 도서명으로 가칭한 경우가 많음을 밝힌다. 또 표지에 2개 이상의 제목이 기재되어 있거나, 제목과 내용이 불일치하는 책도 적지 않다. 그 밖에 시집으로 분류하기가 애매한 책들은 '기타' 부분에 포함시켰다.

항길고택문고 소장 시집류는 그 수량도 많지만, 책 주인들의 사용흔이 많은 것도 하나의 특징이다. 특히 조선시대에 작성된 시집들은 독서와 학업의 흔적이 완연하다. 이는 조선시대 강원도 영동 지역 선비들의 삶을 이해하는 데 있어서도 귀중한 자료가 될 것이라고 생각한다.

경거시축 瓊琚詩軸

문서 번호(목록) | 1

서체 및 판본 | 해서체, 곽란이 없는 필사본

권·책 | 1권 1책

크기(가로×세로, cm) | 18.5×28.5

면수 | 76

발행인(처) 및 편찬 시기 | 미상

내용 | 시(詩)와 만사(挽詞)·기(記)를 모아 엮은 책. 표지가 없어 정확한 원형은 알 수 없다.

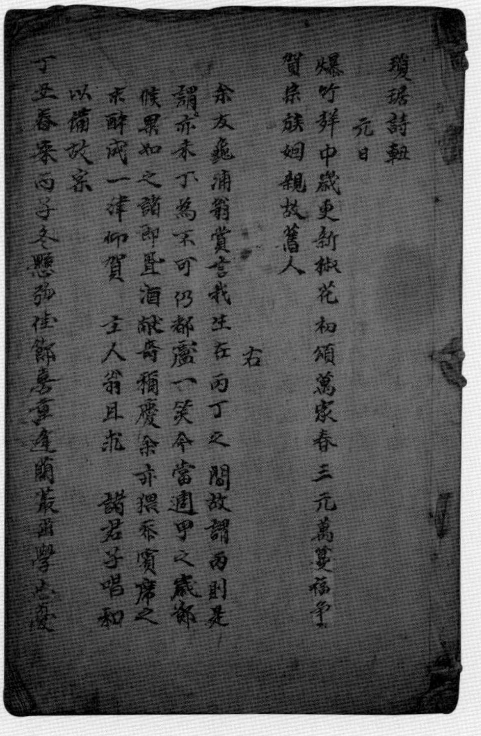

고시 古詩

문서 번호(목록) | 2(항길172)

서체 및 판본 | 해서체, 곽란이 없는 필사본

권·책 | 1권 1책

크기(가로×세로, cm) | 16.5×25.5

면수 | 68

발행인(처) 및 편찬 시기 | 미상

내용 | 오언시(五言詩)·칠언시로 엮은 책.

특이 사항 | 목록에는 '고시집합편(古詩集合篇)'으로 수록되었다. 표지 안쪽에 '용정댁(龍井宅)'으로 소장처를 밝혔고, 본지 1면에 소장인이 있다.

계련 桂蓮

문서 번호(목록) | 3

서체 및 판본 | 해서체, 곽란이 없는 필사본

권·책 | 1권 1책

크기(가로×세로, cm) | 11.2×16.2

면수 | 106

발행인(처) 및 편찬 시기 | 미상

내용 | 칠언시로 엮은 책.

낙기 駱企 단 單

문서 번호(목록) | 4

서체 및 판본 | 해서체, 곽란이 없는 필사본

권·책 | 1권 1책

크기(가로×세로, cm) | 9.2×15.4

면수 | 134

발행인(처) 및 편찬 시기 | 미상

내용 | 조선의 시를 모아 놓은 책. 주로 육언시이다.

특이 사항 | 표지에 '즐비절조(櫛比絕調)', 뒤표지에는 '동부(東賦)'라는 문구가 있다.

동린 東鄰

문서 번호(목록) | 5(항길38)

서체 및 판본 | 해서체, 곽란이 없는 필사본

권·책 | 1권 1책

크기(가로×세로, cm) | 13.3×20

면수 | 190

발행인(처) 및 편찬 시기 | 미상, 1884년 3월

내용 | 칠언시로 엮은 책.

특이 사항 | 속표지에 '강산문조(江山文藻)'라는 문구와 '갑신년 3월[甲申季春]'이라는 필사 시기가 기재되었다.

동시 東詩 단 單 용문로 龍門路 단 單

문서 번호(목록) | 6

서체 및 판본 | 초서 · 행서체, 곽란이 없는 필사본

권 · 책 | 1권 1책

크기(가로×세로, cm) | 16×14

면수 | 44

발행인(처) 및 편찬 시기 | 미상

내용 | 칠언시로 엮은 책.

특이 사항 | 표지에 '경오사월이십육일(庚午四月二十六日)'이라는 문구가 있다.

동우아언 東愚雅言

문서 번호(목록) | 7

서체 및 판본 | 해서체, 곽란이 있는 필사본

권 · 책 | 1권 1책

크기(가로×세로, cm) | 24×36

면수 | 80

발행인(처) 및 편찬 시기 | 미상

내용 | 강원도 강릉 · 삼척 지역 사람들이 지은 시(詩)와 서(書)를 엮은 책.

동현재 董玄宰

문서 번호(목록) | 8(항길47)

서체 및 판본 | 행서 · 초서체, 곽란이 없는 필사본

권 · 책 | 1권 1책

크기(가로×세로, cm) | 14.5×25

면수 | 38

발행인(처) 및 편찬 시기 | 미상

내용 | 적벽(赤壁)에 대한 시부(詩賦).

특이 사항 | 흑지에 쓴 백서(白書)이다. 첫 번째 면에 인장 2개가 있다.

두율 杜律

문서 번호(목록) | 9(항길66)

서체 및 판본 | 해서체, 곽란이 없는 필사본

권 · 책 | 2권 1책

크기(가로×세로, cm) | 17×27

면수 | 113

발행인(처) 및 편찬 시기 | 미상

내용 | 『우주두율(虞註杜律)』 권1~2. 1470년 우집(虞集)이 지은 칠언율시 주석서를 필사한 것이다.

특이 사항 | 목록에는 '두율(杜律) 전(全)'으로 수록되었다. 표지 안쪽에 '해악시(海嶽詩)', 뒤표지에 '무오팔월십오종(戊午八月十五終)', '일일학십오수(一日學十五首)'라는 문구가 있다. 책 주인이 하루 15편의 시를 공부하여 무오년 8월 15일에 마친 것으로 추정된다. 본지 3면에 3개의 소장인이 있다.

두율 杜律

문서 번호(목록) | 10

서체 및 판본 | 해서체, 곽란이 없는 필사본

권·책 | 1권 1책

크기(가로×세로, cm) | 6×11.5

면수 | 156

발행인(처) 및 편찬 시기 | 미상

내용 | 칠언시로 엮은 책.

대명 待明 (가칭)

문서 번호(목록) | 11

서체 및 판본 | 행서체, 곽란이 없는 필사본

권·책 | 1권 1책

크기(가로×세로, cm) | 16.5×11.5

면수 | 90

발행인(처) 및 편찬 시기 | 미상

내용 | 여러 형식의 시를 모아서 엮은 책.

특이 사항 | 표지가 없어서 첫 수(首)의 제목으로 가칭하였다.

당산유록 唐山遺錄

문서 번호(목록) | 12

서체 및 판본 | 해서체, 곽란이 없는 필사본

권·책 | 1권 1책

크기(가로×세로, cm) | 15.5×25.2

면수 | 38

발행인(처) 및 편찬 시기 | 미상

내용 | 여러 형식의 시를 모아서 엮은 책.

동시 東詩

문서 번호(목록) | 13

서체 및 판본 | 해서체, 곽란이 없는 필사본

권·책 | 1권 1책

크기(가로×세로, cm) | 11.5×16.6

면수 | 260

발행인(처) 및 편찬 시기 | 미상

내용 | 조선의 칠언시를 모아서 엮은 책. 표제는 '요람(要覽)'이다.

무가보 無價寶

문서 번호(목록) | 14

서체 및 판본 | 행서 · 해서체, 곽란이 없는 필사본

권 · 책 | 1권 1책

크기(가로×세로, cm) | 6.5×11.5

면수 | 26

발행인(처) 및 편찬 시기 | 미상

내용 | 칠언시로 엮은 책.

특이 사항 | 표지에 '천(天)'이라고 기재되어 있는 것으로 보아 지(地)와 인(人)까지 총 3책으로 구성되었을 것으로 추정된다.

사언오율 四言五律

문서 번호(목록) | 15(항길119)

서체 및 판본 | 해서체, 곽란이 없는 필사본

권 · 책 | 1권 1책

크기(가로×세로, cm) | 16.5×25.5

면수 | 74

발행인(처) 및 편찬 시기 | 미상

내용 | 사언오율(四言五律)의 시를 모아서 엮은 책.

특이 사항 | 표지가 없고 표제는 '오언사율(五言四律)'이다. 목록에는 '사언오율(四言五律)'로 수록되어 있으므로 이에 따른다.

삼국지 三國誌 제이삼 第二三

문서 번호(목록) | 16(항길72)

서체 및 판본 | 해서체, 곽란이 없는 필사본

권·책 | 1권 1책

크기(가로×세로, cm) | 18×27

면수 | 42

발행인(처) 및 편찬 시기 | 미상

내용 | 표제는 '장편(長篇) 단(單)'. 『삼국지(三國志)』와 무관한 오언시 모음집이다.

특이 사항 | 표지에 '경진십일월일(庚辰十一月日)'이라고 기재되어 있다. 본지 1면에 소장인이 있다.

삼양절조 三讓絶調 진사 陳事

문서 번호(목록) | 17

서체 및 판본 | 행서체, 곽란이 없는 필사본

권·책 | 1권 1책

크기(가로×세로, cm) | 6×17.5

면수 | 56

발행인(처) 및 편찬 시기 | 미상

내용 | 육언시로 엮은 책.

속설문자 俗說文字

문서 번호(목록) | 18

서체 및 판본 | 국한문 혼용, 곽란이 없는 필사본

권·책 | 1권 1책

크기(가로×세로, cm) | 20.5×20

면수 | 18

발행인(처) 및 편찬 시기 | 미상

내용 | 『속설문자』와 『숙종관동팔경시(肅宗關東八景詩)』의 합본. 속설문자는 사언시(四言詩), 숙종관동팔경시는 칠언시이다.

특이 사항 | 표지에 김삿갓 김병연(金炳淵)의 시구 "홍련을 채취하고자 남포로 갔다가 동정호의 봄 파도에 작은 배가 요동치네"(欲採紅蓮南浦去 洞庭春波小舟驚)가 있고, 또 언문으로 "을미팔월니십일금강산묘닌년과차서하노라"라고 쓰여 있다.

수보 袖寶

문서 번호(목록) | 19(항길96)

서체 및 판본 | 해서체, 곽란이 없는 필사본

권·책 | 2권 2책

크기(가로×세로, cm) | 9.5×17.5(1책), 12×10.3(2책)

면수 | 136(1책), 50(2책)

발행인(처) 및 편찬 시기 | 미상

내용 | 칠언시를 모아서 엮은 책.

특이 사항 | 1책은 『수보(袖寶)』, 2책은 『수보 수총(繡叢) 연정시초(硏精試草) 취봉(吹鳳)』 단(單)이다.

수총 繡叢

문서 번호(목록) | 20

서체 및 판본 | 해서체(1·3책), 행서체(2책), 괵란이 없는 필사본

권·책 | 3권 3책

크기(가로×세로, cm) | 7.5×14(1책), 10×16(2책), 18×14(3책)

면수 | 222(1책), 226(2책), 128(3책)

발행인(처) 및 편찬 시기 | 미상

내용 | 육언시와 칠언시를 모아서 엮은 책. 항길고택문고에는 3종의 『수총(繡叢)』이 있다. 1책은 일(一), 2책은 이(二)이며, 3책은 별도의 표기가 없다. 내용은 상이하다.

특이 사항 | 3책의 표지에는 '자계해지갑자(自癸亥至甲子)'라는 문구가 있다.

시가요람 詩家要覽

문서 번호(목록) | 21

서체 및 판본 | 해서체, 괵란이 없는 필사본

권·책 | 1권 1책

크기(가로×세로, cm) | 11.5×22

면수 | 10

발행인(처) 및 편찬 시기 | 미상

내용 | 칠언시로 엮은 책.

시율 詩律 단 單

문서 번호(목록) | 22

서체 및 판본 | 해서체, 곽란이 없는 필사본

권·책 | 1권 1책

크기(가로×세로, cm) | 12.1×18.2

면수 | 112

발행인(처) 및 편찬 시기 | 미상

내용 | 칠언시로 엮은 책.

특이 사항 | 표제는 '두율(杜律)'이다.

시조 時調

문서 번호(목록) | 23

서체 및 판본 | 해서체, 곽란이 없는 필사본

권·책 | 1권 1책

크기(가로×세로, cm) | 16×25

면수 | 78

발행인(처) 및 편찬 시기 | 미상

내용 | 칠언시로 엮은 책.

시회곡 詩會曲 **단** 單

문서 번호(목록) | 24(항길65)

서체 및 판본 | 해서체, 곽란이 없는 필사본

권·책 | 1권 1책

크기(가로×세로, cm) | 18×28.5

면수 | 78

발행인(처) 및 편찬 시기 | 미상

내용 | 오언시로 엮은 책.

특이 사항 | 본지 1면에 소장인이 있다.

신당 新唐 단 單

문서 번호(목록) | 25(항길41)

서체 및 판본 | 해서체, 곽란이 없는 필사본

권·책 | 1권 1책

크기(가로×세로, cm) | 16.5×24.3

면수 | 100

발행인(처) 및 편찬 시기 | 항길고택, 1874년 1월 하순

내용 | 칠언시로 엮은 책.

특이 사항 | 표지에 '갑술원월하한(甲戌元月下澣)', 표지 안쪽에 '책주김용정행길댁(冊主金龍亭行吉宅)', 뒤표지에는 '고문금문합부(古文今文合部)'라는 문구가 있다. 본지 3면에 소장인 3개가 있다.

십향 拾香

문서 번호(목록) | 26

서체 및 판본 | 해서체, 곽란이 없는 필사본

권·책 | 1권 1책

크기(가로×세로, cm) | 16×16

면수 | 56

발행인(처) 및 편찬 시기 | 김남수, 20세기 초

내용 | 오언시로 엮은 책.

특이 사항 | 표지에 언문으로 '십향'이라고 기재되어 있다. "계축년 12월에 시를 짓기 시작하였다[癸丑臘月始詩作]"라는 문구 외에도 "책주인(冊主人) 김남수(金南壽)가 시를 모아서 작성하였다"라는 사실이 확인된다.

연주시 聯珠詩

문서 번호(목록) | 27

서체 및 판본 | 해서체, 곽란이 없는 필사본

권·책 | 1권 1책

크기(가로×세로, cm) | 17×26.5

면수 | 82

발행인(처) 및 편찬 시기 | 미상

내용 | 칠언절구(七言絶句)의 당시(唐詩)를 모아서 엮은 책.

염락풍월 濂洛風月

문서 번호(목록) | 28(항길39)

서체 및 판본 | 해서체, 곽란이 없는 필사본

권·책 | 1권 1책

크기(가로×세로, cm) | 14.5×23

면수 | 92

발행인(처) 및 편찬 시기 | 미상

내용 | 표제는 '염락풍아(濂洛風雅)'이며 '송군현록(宋群賢錄)'이라는 문구도 보인다. 주로 송나라의 시로 구성되어 있으며, 일부 기(記)도 보인다.

특이 사항 | 책의 뒷부분에 한국의 왕조별 역사를 열거했는데 단군(檀君)·기자(箕子)·고구려(高句麗)·백제(百濟)·신라(新羅)·가락국(駕洛國)·고려(高麗)로 구분하여 각각 1048년·1071년·705년·678년·992년·491년·475년으로 존속 기간을 기재한 것이 특징이다. 본지 1면에 소장인이 있다.

영주채 瀛洲採

문서 번호(목록) | 29(항길97)

서체 및 판본 | 해서체, 곽란이 없는 필사본

권·책 | 1권 1책

크기(가로×세로, cm) | 16×24

면수 | 96

발행인(처) 및 편찬 시기 | 미상

내용 | 조선시대의 시를 모아 놓은 책. 표지 안쪽에 동국시(東國詩)라고 쓰여 있고, 주로 오언시와 칠언시로 구성되었다. 뒤표지에 '봉명(鳳鳴)'이라는 문구가 있다.

특이 사항 | 본지 3면에 소장인이 있다.

요람 要覽

문서 번호(목록) | 30(항길13)

서체 및 판본 | 해서체, 곽란이 없는 필사본

권·책 | 1권 1책

크기(가로×세로, cm) | 15×24

면수 | 52

발행인(처) 및 편찬 시기 | 미상

내용 | 사언시와 오언시로 엮은 책.

용문등영초 龍門登瀛草

문서 번호(목록) | 31

서체 및 판본 | 해서체, 곽란이 없는 필사본

권 · 책 | 1권 1책

크기(가로×세로, cm) | 8.5×16

면수 | 204

발행인(처) 및 편찬 시기 | 미상

내용 | 칠언시로 엮은 책.

운제 雲梯

문서 번호(목록) | 32(항길108)

서체 및 판본 | 해서체, 곽란이 없는 필사본

권 · 책 | 2권 2책

크기(가로×세로, cm) | 17.5×27(1책), 17×18.2(2책)

면수 | 84(1책), 100(2책)

발행인(처) 및 편찬 시기 | 미상

내용 | 칠언시로 엮은 책. 항길고택문고에는 2종의 『운제(雲梯)』가 소장되어 있다. 편의상 1책과 2책으로 정리하였다. 1책은 표지 안쪽에 '동인(東人) 단(單)', 2책은 표지에 '동시청구선명(東詩靑邱善鳴)'이라고 기재되었다.

특이 사항 | 1책의 본지 1면에 소장인이 있다. 목록에도 2책이 한 건으로 수록되었다.

음풍영월 吟風詠月

문서 번호(목록) | 33

서체 및 판본 | 행서 · 해서체, 괵란이 없는 필사본

권 · 책 | 1권 1책

크기(가로×세로, cm) | 7.2×16.3

면수 | 114

발행인(처) 및 편찬 시기 | 미상

내용 | 시(詩) · 부(賦)를 모아서 엮은 책.

이백청련시 李白靑蓮詩

문서 번호(목록) | 34(항길98)

서체 및 판본 | 해서체, 괵란이 없는 필사본

권 · 책 | 1권 1책

크기(가로×세로, cm) | 20×22

면수 | 54

발행인(처) 및 편찬 시기 | 미상

내용 | 중국 당나라 시인 이백(李白, 701~762)의 시를 모아서 엮은 책.

특이 사항 | 본지 1면에 소장인이 있다.

이채 毦債

문서 번호(목록) | 35

서체 및 판본 | 해서체, 곽란이 없는 필사본

권·책 | 1권 1책

크기(가로×세로, cm) | 17×17.5

면수 | 68

발행인(처) 및 편찬 시기 | 미상

내용 | 육언시 · 칠언시로 엮은 책.

완벽 完璧 단 單

문서 번호(목록) | 36

서체 및 판본 | 행서체, 곽란이 없는 필사본

권·책 | 1권 1책

크기(가로×세로, cm) | 11×17

면수 | 106

발행인(처) 및 편찬 시기 | 미상

내용 | 육언시 98수를 모아 엮은 책.

특이 사항 | 표지 뒷면에 '동인(東人)'이라는 문구가 있다.

자소 自笑

문서 번호(목록) | 37

서체 및 판본 | 해서체, 곽란이 없는 필사본

권·책 | 1권 1책

크기(가로×세로, cm) | 11.5×16.5

면수 | 90

발행인(처) 및 편찬 시기 | 미상

내용 | 칠언시로 엮은 책.

자소 自笑

문서 번호(목록) | 38

서체 및 판본 | 행서체, 곽란이 없는 필사본

권·책 | 1권 1책

크기(가로×세로, cm) | 11×16.5

면수 | 84

발행인(처) 및 편찬 시기 | 미상

내용 | 칠언시로 엮은 책.

특이 사항 | 표지 뒷면에 '동인(東人)'이라는 문구가 있다.

자소 自笑 낙양신성 洛陽新聲

문서 번호(목록) | 39

서체 및 판본 | 행서체, 괵란이 없는 필사본

권·책 | 1권 1책

크기(가로×세로, cm) | 8×17

면수 | 68

발행인(처) 및 편찬 시기 | 미상

내용 | 육언시로 엮은 책.

특이 사항 | 표지 뒷면에 '수보영봉황자소(袖寶咏鳳凰自笑)'라는 문구가 있다.

자소 自笑 육 六

문서 번호(목록) | 40

서체 및 판본 | 행서체, 괵란이 없는 필사본

권·책 | 1권 1책

크기(가로×세로, cm) | 17×18

면수 | 36

발행인(처) 및 편찬 시기 | 미상

내용 | 육언시·칠언시로 엮은 책.

특이 사항 | 표지에 '병진사월일잡록(丙辰四月日雜錄)'이라는 문구가 있다.

잡시 雜詩

문서 번호(목록) | 41(항길14)

서체 및 판본 | 해서체, 곽란이 없는 필사본

권·책 | 1권 1책

크기(가로×세로, cm) | 19×30 **면수** | 216

발행인(처) 및 편찬 시기 | 미상, 1814년 윤2월

내용 | 시를 모아서 엮은 책. 뒷면에 '잡영록(雜咏錄)'으로 표기되었다. 전반부는 오언시, 후반부는 칠언시로 구성되어 있다.

특이 사항 | 갑술년 윤3월이라는 일자가 보이는데, 1814년 윤2월로 추정된다.

장편 長篇

문서 번호(목록) | 42(항길103 외)

서체 및 판본 | 해서체, 곽란이 없는 필사본

권·책 | 3권 3책

크기(가로×세로, cm) | 18.5×24.2(1책), 18.5×24.5(2책), 17×28(3책)

면수 | 62(1책), 118(2책), 84(3책)

발행인(처) 및 편찬 시기 | 미상

내용 | 칠언시로 엮은 책. 목록에는 일(一)·이(二) 등 2책을 소장하고 있다고 했으나, 실제로는 3종의 『장편(長篇)』이 있다. 1책은 단(單) 권일(卷一)이고 2책은 권지이(卷之二)인데, 2책의 옆에는 '항길103-1'이라는 표시가 있어서 목록에 있는 2책 가운데 하나로 추정된다.

특이 사항 | 1책은 본지 3면, 2책은 본지 1면에 소장인이 아닌 다른 인장 2개가 있다. 3책에는 소장인이 확인되지 않는다.

조롱 釣龍

문서 번호(목록) | 43

서체 및 판본 | 해서체(1 · 3책), 행서체(2책), 곽란이 없는 필사본

권 · 책 | 3권 3책

크기(가로×세로, cm) | 11.5×17(1책), 8.7×18.7(2책), 11.5×16.8(3책)

면수 | 92(1책), 132(2책), 252(3책)

발행인(처) 및 편찬 시기 | 미상

내용 | 칠언시를 모아서 엮은 책. 항길고택문고에는 3종의『조롱(釣龍)』이 있다. 1책은 조롱(釣龍), 2책은 조롱(釣龍) 일(一), 3책은 조롱이(釣龍餌)이다. 내용은 상이하다.

조추 啁啾 요통 要通

문서 번호(목록) | 44

서체 및 판본 | 해서체, 곽란이 없는 필사본

권 · 책 | 1권 1책

크기(가로×세로, cm) | 9.2×14.5

면수 | 94

발행인(처) 및 편찬 시기 | 미상

내용 | 오언시 · 칠언시 등 다양한 형식의 시를 모아서 엮은 책.

특이 사항 | 뒤표지에 '관덕(觀德) 단(單)'이라고 기재되어 있다.

주시아송 朱詩雅誦(頌)

문서 번호(목록) | 45(항길75 · 106)

서체 및 판본 | 해서체, 곽란이 없는 필사본

권 · 책 | 9권 2책

크기(가로×세로, cm) | 18×27(1책), 18×24(2책)

면수 | 142(1책), 158(2책)

발행인(처) 및 편찬 시기 | 미상

내용 | 시(詩)와 사(詞), 부(賦)를 모아 놓은 책. 오언시와 칠언시는 물론 다양한 형식의 시가 수록되었다. 목록에는 『주시아송(朱詩雅誦)』이 2건 확인된다. 목록 75번은 『주시아송(朱詩雅頌)』으로 표지에 오언시와 칠언시를 함께 수록했다는 사실[五七言相雜]을 기재하였다. 목록 106번은 『주시아송(朱詩雅誦)』 단(單)이다. 이 책은 8권으로 구성되었고, 권수제는 '아송(雅誦) 권지일(卷之一)'이다. 이 책의 앞에는 어제아송서(御製雅誦序), 아송의례(雅誦義例) 등이 확인되며 좀 더 짜임새 있는 구성을 가지고 있다.

특이 사항 | 각각 본지 3면과 1면에 소장인이 있다.

주취 珠聚

문서 번호(목록) | 46(항길37)

서체 및 판본 | 해서체, 곽란이 없는 필사본

권 · 책 | 1권 1책

크기(가로×세로, cm) | 17.5×25.5

면수 | 132

발행인(처) 및 편찬 시기 | 미상, 1868년 4월

내용 | 칠언시로 엮은 책. 무진년 4월에 간행되었다고 기록되어 있다.

제치 鯷稚

문서 번호(목록) | 47

서체 및 판본 | 해서체, 곽란이 없는 필사본

권·책 | 1권 1책

크기(가로×세로, cm) | 13×20

면수 | 130

발행인(처) 및 편찬 시기 | 미상

내용 | 칠언시로 엮은 책.

특이 사항 | '해동청강(海東靑江)'이라는 문구가 있다.

청수정 聽水亭

문서 번호(목록) | 48

서체 및 판본 | 해서체, 곽란이 없는 필사본

권·책 | 1권 1책

크기(가로×세로, cm) | 17×14

면수 | 88

발행인(처) 및 편찬 시기 | 미상

내용 | 육언시와 칠언시로 엮은 책.

청운제 靑雲梯

문서 번호(목록) | 49

서체 및 판본 | 해서체, 곽란이 없는 필사본

권·책 | 1권 1책

크기(가로×세로, cm) | 18×10.5

면수 | 54

발행인(처) 및 편찬 시기 | 미상

내용 | 칠언시로 엮은 책.

초사 楚辭

문서 번호(목록) | 50(항길27)

서체 및 판본 | 해서체, 곽란이 있는 목판본

권·책 | 1권 1책

크기(가로×세로, cm) | 18×28.2

면수 | 82

발행인(처) 및 편찬 시기 | 미상

내용 | 속표제는 '선부초평주해산보(選賦抄評註解刪補) 권지일(卷之一)'이다. 『초사』는 한나라의 유향(劉向)이 초나라 회왕(懷王)의 충신 굴원(屈原)이 지은 『이소(離騷)』와 25편의 부(賦) 및 후인의 작품에 자작 1편을 덧붙여 편집한 책이다. 그 가운데 구가(九歌)·구장(九章)의 내용이 수록되었다.

특이 사항 | 본지 1면에 소장인이 있다.

초소 楚騷

문서 번호(목록) | 51

서체 및 판본 | 해서체, 곽란이 없는 필사본

권·책 | 1권 1책

크기(가로×세로, cm) | 16.5×19

면수 | 38

발행인(처) 및 편찬 시기 | 미상

내용 | 초나라의 충신 굴원(屈原)이 지은 『이소(離騷)』. 『초사(楚辭)』 가운데 가장 중요한 『이소』를 이와 같이 불렀다. 항길고택문고 소장본의 필사 시기는 알 수 없다.

초예 楚裔

문서 번호(목록) | 52(항길125)

서체 및 판본 | 해서체, 곽란이 없는 필사본

권·책 | 1권 1책

크기(가로×세로, cm) | 16.3×23.5

면수 | 94

발행인(처) 및 편찬 시기 | 미상

내용 | 육언시와 다양한 문서의 합본. 어제퇴계이선생(御祭退溪李先生)·행계서당상량문(杏溪書堂上樑文)·제문(祭文)·만고서(萬古序) 등이 합부(合部)되었다.

특이 사항 | 본지 1면에 소장인이 있고, '상지소취(上之所取)'라는 문구가 있다.

파발 波勃

문서 번호(목록) | 53(항길104)

서체 및 판본 | 해서체, 곽란이 없는 필사본

권·책 | 1권 1책

크기(가로×세로, cm) | 17.5×24.5

면수 | 182

발행인(처) 및 편찬 시기 | 미상

내용 | 육언시로 엮은 책. 택당(澤堂) 이식(李植)이 지은 상량문(上樑文), 인명록에 해당하는 용산동록(龍山同綠)·횡헌동고(黌軒同苦)가 수록되어 있다.

특이 사항 | 본지 1면에 소장인이 있다.

함주 頷珠

문서 번호(목록) | 54(항길33)

서체 및 판본 | 해서체, 곽란이 없는 필사본

권·책 | 1권 1책

크기(가로×세로, cm) | 17×20

면수 | 106

발행인(처) 및 편찬 시기 | 미상

내용 | 칠언시로 엮은 책.

특이 사항 | 표지에 '권초(卷初)'라고 한 것으로 미루어 몇 권이 분실된 것으로 보인다. 본지 3면에 소장인이 있다.

향산집 香山集

문서 번호(목록) | 55(항길42)

서체 및 판본 | 해서체, 곽란이 없는 필사본

권·책 | 1권 1책

크기(가로×세로, cm) | 15.5×24

면수 | 59

발행인(처) 및 편찬 시기 | 미상

내용 | 칠언시로 엮은 책.

특이 사항 | 본지 1면에 소장인이 있다.

형경가 荊卿歌

문서 번호(목록) | 56(항길90)

서체 및 판본 | 초서·해서체, 곽란이 없는 필사본

권·책 | 1권 1책

크기(가로×세로, cm) | 22×26.5

면수 | 46

발행인(처) 및 편찬 시기 | 미상

내용 | 기원전 2세기 중국 진시황(秦始皇)의 암살을 기도했던 형가(荊軻)에 관한 시가. 형경(荊卿)은 형가의 별칭이다. 초서체 교재.

특이 사항 | 본지 3면에 소장인 3개가 있다.

형오 硎鋘

문서 번호(목록) | 57(항길23)

서체 및 판본 | 행서체, 곽란이 없는 필사본

권·책 | 1권 1책

크기(가로×세로, cm) | 18.5×25

면수 | 128

발행인(처) 및 편찬 시기 | 미상

내용 | 중국 춘추시대의 역사적 사실을 토대로 지은 육언시 124수를 엮은 책.

특이 사항 | 표지 안쪽에 소장인이 있다.

해악시율 海嶽詩律

문서 번호(목록) | 58(항길17)

서체 및 판본 | 해서체, 곽란이 없는 필사본

권·책 | 1권 1책

크기(가로×세로, cm) | 7.5×27

면수 | 110

발행인(처) 및 편찬 시기 | 미상

내용 | 오언시와 칠언시로 엮은 책. 표지에 '칠언(七言)'이라는 글자가 보이지만, 대부분 오언시로 구성되어 있다.

특이 사항 | 표지 뒷면에 '오언두율(五言杜律)'이라는 문구가 있다. 본지 3면에 소장인이 있다.

화각 畫閣

문서 번호(목록) | 59

서체 및 판본 | 초서체, 곽란이 없는 필사본

권·책 | 1권 1책

크기(가로×세로, cm) | 16.5×19

면수 | 66

발행인(처) 및 편찬 시기 | 미상

내용 | 칠언시로 엮은 책.

화성 畫聲

문서 번호(목록) | 60(항길95)

서체 및 판본 | 해서·행서체, 곽란이 없는 필사본

권·책 | 2권 2책

크기(가로×세로, cm) | 16.2×25(1책), 16.×14.2(2책)

면수 | 56(1책), 44(2책)

발행인(처) 및 편찬 시기 | 미상

내용 | 『시경(詩經)』·『예기(禮記)』·『논어(論語)』·『맹자(孟子)』·『중용(中庸)』·『대학(大學)』 등의 경전에서 발췌한 내용을 엮은 책.

특이 사항 | 항길고택문고 소장 『화성』은 2책이다. 목록에는 '초일이(抄一二)'라고 했지만 실제로는 2책에만 '초(抄)'가 기재되어 있다. 1책의 본지 3면에 소장인이 있다. 2책은 표지에 '파경문자병부(葩經文字竝付)', 표지 뒷면에 '문조강산(文藻江山)'이라는 문구가 있다.

화암주초 花菴走草

문서 번호(목록) | 61

서체 및 판본 | 해서체, 곽란이 없는 필사본

권·책 | 3권 3책

크기(가로×세로, cm) | 11.5×17(1책), 7.9×17.2(2책), 9×18.8(3책)

면수 | 114(1책), 108(2책), 112(3책)

발행인(처) 및 편찬 시기 | 미상

내용 | 육언시를 모아서 엮은 책. 항길고택문고에는 3종의 『화암주초(花菴走草)』가 있다. 1책은 이(二), 2책은 삼(三), 3책은 사(四)이다.

화암주초목록 花菴走草目錄 **합부** 合部

문서 번호(목록) | 62

서체 및 판본 | 해서체, 곽란이 없는 필사본

권·책 | 1권 1책

크기(가로×세로, cm) | 8.2×10.2

면수 | 48

발행인(처) 및 편찬 시기 | 미상

내용 | 626수의 시 목록.

특이 사항 | 뒤표지에 '수작(手作)'이라고 기재되어 있다.

화암초 花菴草 육 六

문서 번호(목록) | 63

서체 및 판본 | 해서체, 곽란이 없는 필사본

권·책 | 첩

크기(가로×세로, cm) | 10×17

면수 | 34

발행인(처) 및 편찬 시기 | 미상

내용 | 육언시를 적은 첩.

화조 花鳥

문서 번호(목록) | 64(항길120)

서체 및 판본 | 해서체, 곽란이 없는 필사본

권·책 | 1권 1책

크기(가로×세로, cm) | 15.5×25.5

면수 | 156

발행인(처) 및 편찬 시기 | 미상

내용 | 초(楚)·한(漢)의 역사를 칠언율(七言律)로 풀어낸 책.

특이 사항 | 본지 1면에 소장인이 있고, '시규(時規)'라는 문구가 있다.

고규 古規 (가칭)

문서 번호(목록) | 65

서체 및 판본 | 초서 · 해서체, 곽란이 없는 필사본

권 · 책 | 1권 1책

크기(가로×세로, cm) | 15.5×22.5

면수 | 116

발행인(처) 및 편찬 시기 | 미상

내용 | 육언시로 엮은 책.

특이 사항 | 표지가 없으나, 뒤표지에 '고규(古規)'라는 문구가 있어 가칭하였다. 첫 면에 '정사출사명일개정연유(定査出事明日改定緣由)', '색리 유봉부(色吏柳逢夫)'라고 쓰여 있다.

사언시 四言詩 (가칭)

문서 번호(목록) | 66

서체 및 판본 | 해서체, 곽란이 없는 필사본

권 · 책 | 1권 1책

크기(가로×세로, cm) | 19.5×17

면수 | 50

발행인(처) 및 편찬 시기 | 미상

내용 | 사언시를 모아 엮은 책.

특이 사항 | 표지가 없어서 가칭하였다.

시부 詩賦 (가칭)

문서 번호(목록) | 67

서체 및 판본 | 해서체, 곽란이 없는 필사본

권·책 | 1권 1책

크기(가로×세로, cm) | 16×26.5

면수 | 20

발행인(처) 및 편찬 시기 | 미상

내용 | 육언시와 칠언시로 엮은 책.

특이 사항 | 표지에 '동인(東人)'이라고 기재되어 있다.

오언시 五言詩 (가칭)

문서 번호(목록) | 68

서체 및 판본 | 해서체, 곽란이 없는 필사본

권·책 | 1권 1책

크기(가로×세로, cm) | 17.5×26.5

면수 | 48

발행인(처) 및 편찬 시기 | 미상

내용 | 오언시를 엮은 책.

특이 사항 | 표지가 없어서 가칭하였다.

오언시 五言詩 (가칭)

문서 번호(목록) | 69

서체 및 판본 | 해서체, 곽란이 없는 필사본

권·책 | 1권 1책

크기(가로×세로, cm) | 20×27.5

면수 | 14

발행인(처) 및 편찬 시기 | 미상

내용 | 오언시로 엮은 책.

특이 사항 | 표지가 없어서 가칭하였다.

육언시 六言詩 (가칭)

문서 번호(목록) | 70

서체 및 판본 | 해서체, 곽란이 없는 필사본

권·책 | 1권 1책

크기(가로×세로, cm) | 8.5×13

면수 | 72

발행인(처) 및 편찬 시기 | 미상

내용 | 육언시로 엮은 책.

특이 사항 | 표지가 없어서 가칭하였다.

초록 抄錄 (가칭)

문서 번호(목록) | 71

서체 및 판본 | 초서체, 곽란이 없는 필사본

권·책 | 1권 1책

크기(가로×세로, cm) | 15.5×17

면수 | 24

발행인(처) 및 편찬 시기 | 미상

내용 | 칠언시를 비롯하여 여러 글을 엮은 책.

특이 사항 | 표지가 없어서 가칭하였다.

초록 抄錄 (가칭)

문서 번호(목록) | 72

서체 및 판본 | 해서체, 곽란이 없는 필사본

권·책 | 1권 1책

크기(가로×세로, cm) | 9×18

면수 | 44

발행인(처) 및 편찬 시기 | 미상

내용 | 육언시로 엮은 책.

특이 사항 | 표지가 없어서 가칭하였다.

칠언시 七言詩 (가칭)

문서 번호(목록) | 73

서체 및 판본 | 해서체, 곽란이 없는 필사본

권·책 | 1권 1책

크기(가로×세로, cm) | 19.5×25

면수 | 127

발행인(처) 및 편찬 시기 | 미상

내용 | 칠언시로 엮은 책.

칠언시 七言詩 (가칭)

문서 번호(목록) | 74

서체 및 판본 | 해서체, 곽란이 없는 필사본

권·책 | 1권 1책

크기(가로×세로, cm) | 17×26

면수 | 182

발행인(처) 및 편찬 시기 | 미상

내용 | 칠언시로 엮은 책.

특이 사항 | 본지 1면에 소장인이 있다.

칠언시 七言詩 (가칭)

문서 번호(목록) | 75

서체 및 판본 | 해서체, 곽란이 없는 필사본

권·책 | 1권 1책

크기(가로×세로, cm) | 16×26

면수 | 30

발행인(처) 및 편찬 시기 | 미상

내용 | 칠언시로 엮은 책.

칠언시 七言詩 (가칭)

문서 번호(목록) | 76

서체 및 판본 | 해서체, 곽란이 없는 필사본

권·책 | 1권 1책

크기(가로×세로, cm) | 18×18.5

면수 | 36

발행인(처) 및 편찬 시기 | 미상

내용 | 칠언시로 엮은 책.

특이 사항 | 표지가 없어서 가칭하였다.

칠언시 七言詩 (가칭)

문서 번호(목록) | 77

서체 및 판본 | 해서체, 곽란이 없는 필사본

권·책 | 1권 1책

크기(가로×세로, cm) | 19.5×17.5

면수 | 64

발행인(처) 및 편찬 시기 | 미상

내용 | 칠언시를 모아 엮은 책.

특이 사항 | 표지가 없어서 가칭하였다.

칠언시 七言詩 (가칭)

문서 번호(목록) | 78

서체 및 판본 | 해서체, 곽란이 없는 필사본

권·책 | 1권 1책

크기(가로×세로, cm) | 11.5×17

면수 | 314

발행인(처) 및 편찬 시기 | 미상

내용 | 칠언시로 엮은 책.

특이 사항 | 표지가 없어서 가칭하였다.

칠언시 七言詩 (가칭)

문서 번호(목록) | 79

서체 및 판본 | 행서 · 해서체, 곽란이 없는 필사본

권 · 책 | 1권 1책

크기(가로×세로, cm) | 8.5×16.8

면수 | 214

발행인(처) 및 편찬 시기 | 미상

내용 | 칠언시로 엮은 책.

특이 사항 | 표지가 없어서 가칭하였다.

칠언시 七言詩 (가칭)

문서 번호(목록) | 80

서체 및 판본 | 해서체, 곽란이 없는 필사본

권 · 책 | 1권 1책

크기(가로×세로, cm) | 10.5×21.5

면수 | 72

발행인(처) 및 편찬 시기 | 미상

내용 | 칠언시로 엮은 책.

특이 사항 | 표지가 없어서 가칭하였다.

칠언시 七言詩 (가칭)

문서 번호(목록) | 81

서체 및 판본 | 해서체, 곽란이 없는 필사본

권·책 | 1권 1책

크기(가로×세로, cm) | 9×17

면수 | 78

발행인(처) 및 편찬 시기 | 미상

내용 | 칠언시로 엮은 책.

특이 사항 | 표지가 없어서 가칭하였다.

칠언시 七言詩 (가칭)

문서 번호(목록) | 82

서체 및 판본 | 행서체, 곽란이 없는 필사본

권·책 | 1권 1책

크기(가로×세로, cm) | 16×16

면수 | 68

발행인(처) 및 편찬 시기 | 미상

내용 | 칠언시로 엮은 책.

특이 사항 | 표지가 없어서 가칭하였다.

칠언시 七言詩 (가칭)

문서 번호(목록) | 83

서체 및 판본 | 행서체, 곽란이 없는 필사본

권 · 책 | 1권 1책

크기(가로×세로, cm) | 17×19.5

면수 | 70

발행인(처) 및 편찬 시기 | 미상

내용 | 칠언시로 엮은 책.

특이 사항 | 표지가 없어서 가칭하였다.

칠언시첩 七言詩帖 (가칭)

문서 번호(목록) | 84

서체 및 판본 | 행서 · 초서체, 곽란이 없는 필사본

권 · 책 | 첩

크기(가로×세로, cm) | 12×34

면수 | 16

발행인(처) 및 편찬 시기 | 미상

내용 | 칠언시를 적은 첩.

V

경서(經書)

항길고택문고에는 사서(四書)와 오경(五經)을 비롯한 다양한 경서(經書)가 소장되어 있다. 분량으로 보면, 소장 도서 가운데 가장 많으며 종류도 다양하다. 각 경전마다 수 종 혹은 수십 종이 있어서 책마다 한 건으로 정리하지 않고, 경전의 명칭에 따라 한 건으로 분류하였다. 소장 경서류의 특징 중 하나는 언해본의 비중이 상당하다는 점인데, 이들은 별도의 항목으로 정리하였다.
그 결과 항길고택에 소장된 경서류는 총 27종으로 정리되었다. 경서류는 시집류와 마찬가지로 사용흔이 상당하며, 이에 따라 훼손이 심한 책도 많다. 다만 경서의 특성상 목판본의 비중이 꽤 크고 권별 분류가 뚜렷하여, 시집류에 비해 상대적으로 확인이 용이하다. 책 주인 혹은 사용자의 흔적이 많아서 지역사 연구에도 기여할 수 있는 귀중한 자료들이다.
경서류는 『항길문고도서목록』에도 꽤 소상히 정리되어 있지만, 실제 현황과 다르기 때문에 이를 전체적으로 정리할 필요가 있었다. 별건으로 정리된 경우도 경서의 이름에 따라 한 건으로 포함하기도 하였다. 그 밖에 경서를 유형별로 모아 놓은 책이나 경서의 일부 내용을 발췌해 둔 초록(抄錄) 형태도 적지 않아서 이들은 별도의 건으로 수록하였음을 밝힌다.

경서유초 經書類抄

문서 번호(목록) | 1

서체 및 판본 | 해서체, 곽란이 없는 필사본

권 · 책 | 1권 1책

크기(가로×세로, cm) | 21×24

면수 | 52

발행인(처) 및 편찬 시기 | 미상

내용 | 경서의 내용을 초록한 책. 건도문(乾道門), 곤도문(坤道門), 만물문(萬物門)의 항목으로 구성되어 있다.

특이 사항 | 표지가 없다. 권수제는 '경서유초(經書類抄) 권지일(卷之一)'이다.

경전유휘 經傳類彙

문서 번호(목록) | 2(항길100)

서체 및 판본 | 행서체, 곽란이 없는 필사본

권·책 | 4권 4책

크기(가로×세로, cm) | 14.2×23.6(1책), 14.2×23.5(2책), 14.2×23.3(3책), 14.3×23.4(4책)

면수 | 154(1책), 146(2책), 154(3책), 162(4책)

발행인(처) 및 편찬 시기 | 미상

내용 | 경전의 내용을 형태별로 분류해 놓은 유서(類書). 춘(春)·하(夏)·추(秋)·동(冬)의 4책으로 구성되어 있다. 1책은 건도(乾道)·지리(地理)·만물(萬物)·금수(禽獸)·초목(草木)·인륜(人倫), 2책은 유도(儒道)·군도(君道)·후비(后妃)·신도(臣道)·관직(官職)·상형(賞刑)·공부(貢賦), 3책은 민생(民生)·농사(農事)·음악(音樂)·교화(敎化)·기도(祈禱)·조근(朝覲)·혼상(婚喪)·제사(祭祀)·군려(軍旅)·기예(技藝)·기용(器用), 4책은 인사(人事)·신체(身體)·의복(衣服)·음식(飮食)·진보(珍寶)·사방(四方)·출처(出處)·계고(稽古)·총휘(叢彙)로 구성되었다.

특이 사항 | 표지에 '모두 4책(共四)'이라는 문구가 있다. 1책(건)의 본지 3면에 소장인이 있다.

고문진보후집 古文眞寶後集

문서 번호(목록) | 3(항길25)

서체 및 판본 | 해서체, 곽란이 없는 필사본

권·책 | 1권 1책

크기(가로×세로, cm) | 17.5×26.3

면수 | 74

발행인(처) 및 편찬 시기 | 미상

내용 | 송대 말 황견(黃堅)이 역대의 고문(古文) 가운데 진실로 보배가 될 만한 것들을 모아서 편집한 『고문진보(古文眞寶)』의 후집(後集). 조선시대 선비들의 필독서였다. 현재 일부만 남아 있다.

특이 사항 | 본지 3면에 소장인이 있다.

진보초선 眞寶抄選 초 抄

문서 번호(목록) | 4(항길71)

서체 및 판본 | 해서체, 곽란이 없는 필사본

권·책 | 1권 1책

크기(가로×세로, cm) | 18×26.5

면수 | 164

발행인(처) 및 편찬 시기 | 미상

내용 | 『고문진보(古文眞寶)』의 내용을 발췌하여 편집한 책.

특이 사항 | 본지 3면에 소장인이 있다.

근사록 近思錄

문서 번호(목록) ㅣ 5(항길113)

서체 및 판본 ㅣ 해서체, 곽란이 있는 필사본(1~3책) · 곽란이 없는 필사본(4책)

권 · 책 ㅣ 15권 4책

크기(가로×세로, cm) ㅣ 19×29.4(1~3책), 17×29(4책)

면수 ㅣ 152(1책), 168(2책), 156(3책), 44(4책)

발행인(처) 및 편찬 시기 ㅣ 미상

내용 ㅣ 주희(朱熹)의 『근사록(近思錄)』 혹은 이를 발췌한 책. 항길고택문고에는 2종 4책의 『근사록』이 소장되어 있다. 목록에는 천(天) · 지(地) · 인(人) 3책이 확인되고, 그 밖에 별도의 1책이 있다. 3책으로 구성된 『근사록』은 천은 확인되지만, 다른 두 책은 표지가 훼손되어 지와 인이 확인되지 않는다. 다만, 1책(천)은 권1~2로 구성되어 있고, '제(第)'라고 기록된 책은 권3~7, 그 밖에 별다른 표기가 없는 한 책은 권8~14이므로, 각각 2책(지)와 3책(인)인 것으로 보인다.

특이 사항 ㅣ 각 책의 옆에는 '113-1~3'이 적혔는데, 2책과 3책은 서로 뒤바뀌어 있다. 또 다른 『근사록』은 표지가 없지만 본지 1면에 '근사록도(近思錄圖)'가 그려져 있다. 1책(천)의 본지 9면과 2책(지) · 3책(인)의 본지 1면에 소장인이 있다.

논어 論語

문서 번호(목록) | 6(항길169)

서체 및 판본 | 해서체, 곽란 있는 인쇄본(1책), 활자본(2~3책 · 8책), 목판본(4~7책), 필사본(9책)

권 · 책 | 21권 9책

크기(가로×세로, cm) | 19.5×30.2(1책), 19.5×30(2책), 19.5×29.5(3책), 22.5×31.5(4책), 22.5×33.5(5~6책), 22.5×34(7책), 16×25(8책), 17.5×29.5(9책)

면수 | 142(1책), 136(2책), 134(3책), 146(4책), 174(5책), 202(6책), 178(7책), 124(8책), 48(9책)

발행인(처) 및 편찬 시기 | 경상감영[嶺營] 등, 1858년 등

내용 | 『논어집주대전(論語集註大全)』. 총 9책이다. 1책은 『논어집주(論語集註)』 권중(卷中)이며, 표지에 '인(仁) 사오합부(四五合部)'라고 기재하였다. 2책은 『논어집주』 권하(卷下)이며, 표지에 '용(勇) 육칠합부(六七合部)'라고 기재하였다. 1책과 2책 첫 면에 '죽헌(竹軒)'이라는 문구가 보인다. 3책은 『논어집주』 권지하(卷之下)이며, 표지에 '인(人)'이라고 기재하였다. 4책은 표지가 보이지 않고, 권수제는 '논어집주대전 권지육(卷之六)'이다. 권6~7의 2권을 1책으로 엮었다. 5책은 『권지사(卷之四)』이며, 권수제는 '논어집주대전 권지팔(卷之八)'이다. 권8~10의 3권을 1책으로 엮었다. 6책은 『권지오(卷之五)』이며, 권수제는 '논어집주대전 권지십일(卷之十一)'이다. 권11~12의 2권을 1책으로 엮었다. 7책은 『권지칠(卷之七)』이며, 권수제는 '논어집주대전 권지십칠(卷之十七)'이다. 권17~20의 4권을 1책으로 엮었다. 8책은 표지에 '계씨(季氏) · 양화(陽貨) · 미자(微子)'라고 쓰여 있다. 권수제는 '논어(論語) 권제십육(卷第十六)'이며, 권16~20의 5권을 1책으로 엮은 것이다. 9책은 표지가 식별되지 않고 속표지에는 『논어대전(論語大全)』이라고 하였다.

특이 사항 | 목록에는 '육(六)'으로 기재되어 있지만, 9책이 확인된다. 편의상 책을 기준으로 1~9까지 구분하였다. 7책에서는 무오년 5월이라는 편찬 시기와 경상감영[嶺營]이라는 편찬 장소가 확인되며, 9책에는 '책주 김(冊主金)'이라는 글자가 있다.

논어언해 論語諺解

문서 번호(목록) | 7

서체 및 판본 | 국한문 혼용, 곽란이 있는 목판본(1~7책), 활자본(8책)

권·책 | 10권 8책

크기(가로×세로, cm) | 22.5×33.5(1책), 21.5×32.5(2~3책), 22×33.5(4~5책·7책), 21×30.5(6책), 20.7×30(8책)

면수 | 78(1책), 116(2책), 142(3책), 92(4책), 110(5책), 140(6책), 106(7책), 144(8책)

발행인(처) 및 편찬 시기 | 경상감영[嶺營] 등, 1862년 등

내용 | 국한문 혼용 언해본으로 발간된 『논어언해(論語諺解)』. 항길고택문고에 소장된 다양한 형태의 『논어언해』를 하나의 항목으로 엮었다. 1책은 표지가 식별되지 않고 권수제는 '논어언해 권지일(卷之一)'이다. 2책의 표지는 『논해(論解)』 원(元)이며 권수제는 '논어언해 권지일'이다. 3책은 『논해』 형(亨)이며, 권3과 권4를 엮은 것이다. 표지에 '삼사합부(三四合部)'로 표기하였다. 4책은 『논해』 이(二)이며, 권수제는 '논어언해 권지이(卷之二)'이다. 5책은 『논해』 삼(三)이며, 표지에 "권4와 권5를 합부하였다.[合部自四至五.]"라고 기록되었다. 6책은 표지가 식별되지 않고, 권수제는 '논어언해 권지삼(卷之三)'이다. 7책은 『논해』 사(四)이며, 권수제는 '논어언해 권지사(卷之四)'이다. 8책 역시 권수제는 '『논어언해』 권지사'이며, 표지에 '양화(陽貨)·미자(微子)·자장(子張)·요왈(堯曰)'이 기재되어 있다.

특이 사항 | 2책에는 '주운서당계상(酒雲書堂契上)'이라고 쓰여 있다. 4책의 본지 1면에 소장인이 있다. 5책에는 대정(大正) 11년(1922)으로 편찬 시기가 확인되며, 7책에는 임술년 3월[壬戌季春, 1862], 경상감영[嶺營]에서 중간(重刊)하였다는 기록이 보인다.

대학 大學

문서 번호(목록) | 8(항길167)

서체 및 판본 | 해서체, 곽란이 있는 필사본(1책), 목판본(2책)

권 · 책 | 2권 2책

크기(가로×세로, cm) | 18×30.5(1책), 22.5×34(2책)

면수 | 42(1책), 132(2책)

발행인(처) 및 편찬 시기 | 미상

내용 | 『대학장구대전(大學章句大全)』. 표지에 각각 '단권(單卷)'과 '권지단(卷之單)'으로 기재된 단권(單券)이다.

특이 사항 | 목록에는 1책으로 기재되어 있지만, 실제 소장 내역은 2책이다.

학해 學解

문서 번호(목록) | 9

서체 및 판본 | 국한문 혼용, 곽란이 있는 활자본

권 · 책 | 1권 1책

크기(가로×세로, cm) | 21×33.7

면수 | 66

발행인(처) 및 편찬 시기 | 미상

내용 | 『대학(大學)』의 국한문 혼용 언해본.

맹자 孟子

문서 번호(목록) | 10(항길168)

서체 및 판본 | 해서체, 곽란이 있는 필사본(1책 · 5책 · 8~9책), 활자본(2~4책 · 6~7책), 목판본(10책)

권 · 책 | 18권 10책

크기(가로×세로, cm) | 18.3×28.5(1책), 22×33.5(2책), 21×31(3책), 22×34(4책), 18.2×28.2(5책), 22×34(6책), 22.5×34(7책), 18.5×29.5(8책), 18.5×30(9책), 22.5×34(10책)

면수 | 74(1책), 105(2책), 92(3책), 164(4책), 74(5책), 104(6책), 140(7책), 70(8책), 92(9책), 182(10책)

발행인(처) 및 편찬 시기 | 미상

내용 | 항길고택문고에 소장된 『맹자집주대전(孟子集註大全)』. 모두 18권 10책이다. 1~2책은 각각 권2~3, 3책은 권5~6, 4~5책은 권7~8, 6책은 권9~10, 7~8책은 각각 권11~12, 9~10책은 각각 권13~14이다.

특이 사항 | 표지에 제목과 권수가 다양하게 표기되었지만, 동일한 형태로 정리된 구성이므로 일괄하여 『맹자』 항목으로 포함시켰다. 순서는 권수를 따랐다.

맹자언해 孟子諺解

문서 번호(목록) | 11

서체 및 판본 | 국한문 혼용, 곽란이 있는 목판본

권·책 | 15권 6책

크기(가로×세로, cm) | 21×33.5(1책), 21.3×33.3(2책), 21×33.3(3책), 21.2×33.3(4책), 21×32.2(5책), 22×33.6(6책)

면수 | 106(1책), 105(2책), 102(3책), 106(4책), 156(5책), 106(6책)

발행인(처) 및 편찬 시기 | 미상

내용 | 국한문 혼용 『맹자(孟子)』. 모두 15권 6책이다. 1~2책은 각각 권3~4, 3책 및 5~6책은 권13~15, 4책은 권11~12이다.

특이 사항 | 각 책의 제목은 『맹자』·『맹해(孟解)』 등 다양하지만, 동일한 형태로 정리된 구성이므로 일괄하여 『맹자언해』 항목으로 포함시켰다. 순서는 권수에 따른다.

서전 書傳

문서 번호(목록) | 12

서체 및 판본 | 해서체, 곽란이 있는 목판본

권·책 | 15권 13책

크기(가로×세로, cm) | 22.5×34.2(1책), 22×34(2~11책), 22.5×34.3(12책), 18×27.2(13책)

면수 | 188(1책), 108(2책), 172(3책), 97(4책), 104(5책), 144(6책), 144(7책), 148(8책), 148(9책), 106(10책), 156(11책), 108(12책), 78(13책)

발행인(처) 및 편찬 시기 | 미상

내용 | 『서전대전(書傳大全)』 권1~10이다. 권8 및 권10은 2책씩 있어서 총 12책으로 구성되어 있다. 또 9책은 표지가 『십권(十卷)』으로, 10책은 각각 『구권(九卷)』 및 『권지십(卷之十)』으로 오기되어 있다. 별도로 표지 없이 '서집전서(書集傳序)'로 시작되는 또 한 책(13책)의 『서전대전』이 소장되어 있는데, 권1~3으로 구성되어 있다.

특이 사항 | 목록(항길171)에는 『서전(書傳)』이 다섯 책[五冊]으로 기재되어 있어 실제 현황과 다르다. 다섯 책으로 구성된 『서전언해(書傳諺解)』가 별도의 건으로 기록되어 있지 않은 점으로 미루어 항길171은 『서전언해』를 이르는 것으로 판단된다.

서전언해 書傳諺解

문서 번호(목록) | 13(항길171)

서체 및 판본 | 국한문 혼용, 곽란이 있는 목판본

권·책 | 5권 5책

크기(가로×세로, cm) | 21×34(1책), 21×33.5(2책), 21.5×33.5(3책), 22×33.5(4~5책)

면수 | 198(1책), 147(2책), 168(3책), 146(4책), 180(5책)

발행인(처) 및 편찬 시기 | 미상

내용 | 『서전(書傳)』 국한문 혼용 언해본. 『서전언해(書傳諺解)』 권지일(卷之一)~권지오(卷之五)가 각기 한 책으로 엮어져 있다. 표지는 각각 『서해(書解)』 일이삼합부(一二三合部), 『서해(書解)』 사오합부(四五合部), 『서전해(書傳解)』 삼권(三卷), 『서해(書解)』, 『서해(書解)』 오권(五卷)으로 되어 있다.

특이 사항 | 1책의 본지에 '죽헌(竹軒)'이라는 문구가 보인다. 5책으로 기록된 목록 171은 『서전언해』를 이르는 것으로 추정된다.

서석 書釋 합부 合部

문서 번호(목록) | 14(항길85)

서체 및 판본 | 국한문 혼용, 곽란이 있는 필사본

권·책 | 1권 1책

크기(가로×세로, cm) | 18.5×24

면수 | 72

발행인(처) 및 편찬 시기 | 미상

내용 | 『서경(書經)』 혹은 『서전(書傳)』에 대한 주석서. 국한문 혼용 현토본이다.

특이 사항 | 목록에는 '당석합부(唐釋合部)'로 되어 있다. 본지 2면에 소장인이 있다.

성학요설 聖學要說

문서 번호(목록) | 15(항길70 · 71 · 79 · 80 · 81)

서체 및 판본 | 해서체, 곽란이 있는 필사본

권 · 책 | 11권 11책

크기(가로×세로, cm) | 18×27.2(1~7책), 18.5×28(8~10책), 18×27.1(11책)

면수 | 134(1책), 194(2책), 202(3책), 118(4책), 92(5책), 90(6책), 92(7책), 154(8책), 108(9책), 138(10책), 158(11책)

발행인(처) 및 편찬 시기 | 김구혁, 19세기

내용 | 김구혁(金九爀)이 『예기(禮記)』 · 『주역(周易)』 · 『서전(書傳)』 · 『논어(論語)』 · 『대학(大學)』 · 『중용(中庸)』 등의 유교 경전을 엮은 책. 『예기』는 상(上) · 하(下) 2책, 『주역』은 일(一)부터 오(五)까지 5책, 『서전』 일(一), 이(二)와 『논어』 삼(三)은 3책으로 함께 엮었다. 『대학』과 『중용』은 1책이다. 목록에 『예기』가 3책[三]으로 표기되어 있으나, 실제로는 2책이다.

특이 사항 | 목록에는 『논언(論言, 論語)』 3책, 『중용』과 『대학』은 1책, 『주역』은 5책, 『서전』과 『예기』는 각각 3책으로 기재하고 있어 실제와 수량에서 차이를 보인다. 권수제는 '구봉예록(九峯禮錄)', 『역』은 '구봉계사록(九峯繫辭錄)'(1), '구봉역록(九峯易錄)'(2~5)이다. 『서전』 일(一)과 『논어』는 '구봉경록(九峯經錄)', 『대학』 · 『중용』은 '성학요설(聖學要說)'이다. 『서전』 이(二)에는 "좌측에 상량문이 있다[上樑文在左便]"라는 문구가 있다.

성학십도 聖學十圖

문서 번호(목록) | 16(항길92)

서체 및 판본 | 해서체, 곽란이 없는 필사본

권·책 | 1권 1책

크기(가로×세로, cm) | 19.4×29

면수 | 42

발행인(처) 및 편찬 시기 | 미상

내용 | 퇴계(退溪) 이황(李滉, 1501~1570)이 선조에게 성학(聖學)을 설명하고자 올린 상소와 그 안에 수록된 10개의 그림. 그림은 태극도(太極圖)·서명도(西銘圖)·소학도(小學圖)·대학도(大學圖)·백록동규도(白鹿洞規圖)·심통성정도(心統性情圖)·인설도(仁說圖)·심학도(心學圖)·경재잠도(敬齋箴圖)·숙흥야매잠도(夙興夜寐箴圖)이며, 제일(第一)부터 제십(第十)까지 숫자로 구분하였다.

특이 사항 | 본지 3면에 인장 2개가 있다.

소왕가어 素王家語

문서 번호(목록) | 17(항길7)

서체 및 판본 | 해서체, 곽란이 있는 필사본

권·책 | 3권 2책

크기(가로×세로, cm) | 19.3×30(1~2책)

면수 | 92(1책), 124(2책)

발행인(처) 및 편찬 시기 | 미상

내용 | 목록에는 '소왕록(素王錄)으로 기재되었다. 권수제는 1책이 '소왕가어(素王家語) 건(乾)', 2책은 '소왕가어(素王家語) 곤(坤)'이다. 상(上)·중(中)·하(下)의 3권으로 구성되어 있다. 권상은 1책(건), 권중과 권하는 2책(곤)에 있다. 공자의 언행 및 문인들과의 문답·논의를 담은『공자가어(孔子家語)』의 일부를 발췌하여 수록하였다.

특이 사항 | 1책(건)의 본지 3면, 2책(곤)의 본지 1면에 소장인이 있다.

시전 詩傳

문서 번호(목록) | 18(항길170)

서체 및 판본 | 해서체, 곽란이 있는 목판본(1~2책), 활자본(3책)

권·책 | 6권 3책

크기(가로×세로, cm) | 22.5×34(1책), 22×34(2책), 15.5×27.5(3책)

면수 | 154(1책), 132(2책), 110(3책)

발행인(처) 및 편찬 시기 | 미상

내용 | 『시경(詩經)』이다. 항길고택문고에는 3종의 『시전』이 있다. 1책은 『시전대전(詩傳大全)』으로 권1~2, 2책은 『시전대전』 권지이(卷之二)로 권2~3, 3책은 『시전(詩傳)』 이권(二卷)으로 권2~3이 수록되었다.

특이 사항 | 1책 표지에 '태세을묘중동일시비(太歲乙卯中冬日始備)', 표지 뒷면에 '시전제일사무사공십편(詩傳第壹思無邪共十篇)'이라는 문구가 있다. 3책 본지 1면에 소장인 2개가 있다.

파경 葩經

문서 번호(목록) | 19(항길105)

서체 및 판본 | 해서체, 곽란이 없는 필사본

권·책 | 2권 2책

크기(가로×세로, cm) | 13×19.3(1책), 12.5×19.3(2책)

면수 | 126(1책), 124(2책)

발행인(처) 및 편찬 시기 | 미상

내용 | 『시전대전(詩傳大全)』이다. 『시경(詩經)』의 내용을 간추려서 건(乾)과 곤(坤) 2책에 수록하였다. 1책에 주희(朱熹)가 쓴 서문이 있다.

특이 사항 | 1책(건) 본지 5면, 2책(곤) 본지 4면에 소장인이 있다.

심경 心經

문서 번호(목록) | 20(항길21)

서체 및 판본 | 해서체, 곽란이 있는 필사본

권·책 | 4권 2책

크기(가로×세로, cm) | 19.3×29.5(1책), 29.3×29.6(2책)

면수 | 132(1책), 128(2책)

발행인(처) 및 편찬 시기 | 미상

내용 | 중국 송나라 진덕수(眞德秀)가 경전과 도학자들의 저술에서 심성(心性) 수양에 관련된 격언을 모아 편집한 책. 항길고택에 소장된 책은 『심경』에 정민정(程敏政)이 주석과 서문을 붙이고 그 제자 왕조(汪祚)가 발문을 붙인 『심경부주(心經附註)』 4권 2책이다. 2책을 각각 건(乾)과 곤(坤)으로 구분하였다. 1책(건)에는 권1~2, 2책(곤)에는 권3~4가 수록되었다.

특이 사항 | 목록에는 항길21과 항길105 모두 건·곤 2책으로 구성된 『심경』으로 기재되어 있다. 이 책은 21-1, 21-2로 표기되어 있으므로 전자에 속한다. 항길105에 해당하는 책은 현재 확인되지 않는다.

주역 周易

문서 번호(목록) | 21

서체 및 판본 | 해서체, 곽란이 있는 목판본

권·책 | 25권 14책

크기(가로×세로, cm) | 19×29.5(1책), 22.5×34.2(2책), 22.7×34.3(3~4책), 22.5×34.5(5책), 23×34.3(6~13책), 22.5×34.3(14책)

면수 | 110(1~2책), 140(3책), 144(4책), 142(5책), 150(6책), 140(7책), 178(8책), 184(9책), 146(10책), 172(11책), 174(12책), 164(13책), 186(14책)

발행인(처) 및 편찬 시기 | 미상

내용 | 『역경(易經)』. 항길고택문고에 14종의 『주역(周易)』이 있다. 1책은 표지에 '곤하(坤下)·진상(震上)', 2책은 '권지초(卷之初)', 3책은 '제삼(第三)', 5책은 '권지육(卷之六)', 6책은 '권지팔(卷之八)', 7책은 '육(六)', 9책은 '제팔(第八)', 10책은 '십육(十六)', 11책은 '십육칠(十六七)', 12책은 '십일(十一)', 13책은 '제십이(第十二) 계사(繫辭)'이라고 기재되었다. 4책과 8책은 표지가 훼손되었다. 2~14책은 속표제가 '주역전의대전(周易傳義大全)'이다. 1책은 권3, 2책은 권1, 3책은 권2~3, 4책은 권4~5, 5책은 권6~7, 6책은 권8~9, 7책은 권10~11, 8책은 권12~13, 9책은 권14~15, 10책은 권16~17, 11책은 권18~19, 12책은 권20~21, 13책은 권22, 14책은 권23~24이다.

특이 사항 | 1책 본지 3면에 인장 5개가 날인되었다. '권지육'으로 쓰인 5책은 속지에 '권지사(卷之四)'라고 기록되었으므로 이 경우 순서대로 배열된다. 순서상 10책은 '제구(第九)'여야 하는데, 책이 아닌 권수를 쓴 것으로 추정된다. '십육칠'로 쓰인 11책은 속표제가 '주역전의대전 권지십팔(十八)'이다. 13책의 경우 '제십이'는 겉표지이고, 안에는 '주역(周易) 건(乾)'으로 기재되어 있다. 마찬가지로 14책은 겉표지 안에 '주역(周易) 곤(坤)'이라고 쓰여 있다.

주역언해 周易諺解

문서 번호(목록) | 22

서체 및 판본 | 국한문 혼용 언해본, 곽란이 있는 목판본

권·책 | 9권 5책

크기(가로×세로, cm) | 21.5×32.5(1책), 22×32.3(2책), 21.7×32.2(3책), 22×32.5(4책), 21.5×32(5책)

면수 | 152(1~3책), 150(4책), 204(5책)

발행인(처) 및 편찬 시기 | 미상

내용 | 『주역』의 국한문 혼용 언해본. 권1~9를 5책으로 간행하였다. 모두 1권 1책이나, 5책에 해당하는 『주역언해』 권지오(卷之五)는 권5~9의 5권이 수록되었다.

특이 사항 | 제목은 『주해(周解)』·『역해(易解)』 등으로, 권수는 일(一)·제사오육(第四五六)·삼(三)·사(四)·권지오(卷之五) 등으로 달리 기재되었지만, 속표제는 모두 '주역언해'이므로 권의 순서대로 배열하여 하나의 항목으로 엮었다.

중용 中庸 단 單

문서 번호(목록) | 23

서체 및 판본 | 해서체, 곽란이 있는 활자본

권·책 | 1권 1책

크기(가로×세로, cm) | 23×34.5

면수 | 239

발행인(처) 및 편찬 시기 | 미상

내용 | 『중용장구대전(中庸章句大全)』이다.

중용언해 中庸諺解

문서 번호(목록) | 24

서체 및 판본 | 해서체, 곽란이 있는 목판본

권·책 | 2권 2책

크기(가로×세로, cm) | 21×31.5(1책), 22.2×33.7(2책)

면수 | 116(1책), 80(2책)

발행인(처) 및 편찬 시기 | 경상감영[嶺營], 1862년 3월

내용 | 국한문 혼용 언해본 『중용언해(中庸諺解)』. 항길고택문고에는 2종의 『중용언해』가 있다. 2책은 표지에 『용해(庸解)』 단(單)이라고 기재되었지만, 권수제는 '중용언해'이다.

특이 사항 | 2책은 경상감영[嶺營]에서 임술년 3월[壬戌季春]에 편찬되었다는 사실이 기록되어 있다. 1862년으로 추정된다.

중용혹문 中庸或問

문서 번호(목록) | 25

서체 및 판본 | 해서체, 곽란이 없는 활자본

권·책 | 2권 2책

크기(가로×세로, cm) | 12.5×16(1책), 12.6×16(2책)

면수 | 114(1책), 104(2책)

발행인(처) 및 편찬 시기 | 미상

내용 | 주희(朱熹)가 『중용(中庸)』에 관한 여러 의문과 해석을 문답 형식으로 검토한 책. 표지는 건(乾)과 곤(坤)으로 구분하였고, 실제 내용은 '중용혹문상(中庸或問上)', '중용혹문하(中庸或問下)'라고 하여 상(上)·하(下)로 구분하였다.

중용도후서 中庸圖後序 (가칭)

문서 번호(목록) | 26

서체 및 판본 | 해서체, 곽란이 있는 필사본

권·책 | 1권 1책

크기(가로×세로, cm) | 17.5×25

면수 | 86

발행인(처) 및 편찬 시기 | 미상

내용 | 중용도후서(中庸圖後序)·견문록서(見聞錄序)·자조문(自嘲文)·심동설(心洞說)·만송헌기(晩松軒記)·제망실유인홍씨문(祭亡室孺人洪氏文)·응구언소(應求言疏) 등이 곽란 있는 필사본으로 작성된 '단산당회상제육재자서(丹山堂繪像第六才子書)'와 합부(合部)되어 있다.

특이 사항 | 표지가 없어서 가칭하였다.

용학 庸學

문서 번호(목록) | 27

서체 및 판본 | 해서체, 곽란이 없는 필사본

권·책 | 1권 1책

크기(가로×세로, cm) | 10.5×18

면수 | 38

발행인(처) 및 편찬 시기 | 미상

내용 | 『중용장구』에서 발췌하고 주석을 달아 놓은 책. 표지에 "경(敬)·성(誠)을 합부(合部)하였다"라고 기재되어 있다. 용학은 『중용(中庸)』·『대학(大學)』을 의미하지만, 이 책의 내용은 중용이다.

Ⅵ

사서(史書)

항길고택문고에는 상당한 분량의 역사서가 소장되어 있다. 17책에 달하는 『통감(通鑑)』에서부터 『한서(漢書)』의 일부만 발췌한 '초(抄)'에 이르기까지 종류와 형태가 다양하다. 다만, 완질본이 없고 대부분 초선(抄選)의 형태이다. 또 내용으로는 인물을 다룬 열전(列傳) 형태가 꽤 많은 분량을 차지한다. 『항길문고도서목록』과 일부 차이가 있어서 사서(史書)의 명칭에 따라 분류하여 총 13종으로 정리하였다.

항길고택에 소장된 사서류는 경서류에 비해 상대적으로 상태가 양호하다. 또 시집류나 문집류와 달리 책 주인이 남긴 문구나 글귀가 드문 편이다. 그럼에도 사서를 보며 학습한 흔적이 역력하여 당대인들의 관심사를 확인할 수 있게 한다. 한 가지 특이한 점은 조선 후기에 편찬된 도서가 대부분이면서도 '동국(東國)'과 관련한 문헌이 전무하다는 점이다. 주지하듯이 조선 후기에 자국사에 대한 관심이 고조되면서 다양한 사서들이 편찬되었다. 그럼에도 항길고택에 소장된 사서는 모두 중국사와 관련된 책이다. 조선시대 선비들의 기본적인 학습이 중국의 경서와 사서로 이루어졌기 때문이겠지만, 본 목록집의 '기타'에 정리해 둔 서적들의 다양성을 고려할 때 자국사와 관련된 책이 한 건도 확인되지 않는 점은 독특하다.

강감회요 鋼鑑會要

문서 번호(목록) | 1(항길35)

서체 및 판본 | 해서체, 곽란이 있는 목판본

권 · 책 | 1권 1책

크기(가로×세로, cm) | 20.5×31 **면수** | 154

발행인(처) 및 편찬 시기 | 강항, 17세기

내용 | 조선 중기의 학자 강항(姜沆, 1567~1618)이 17권 30책으로 간행한 중국 역사서『강감회요(鋼鑑會要)』의 일부. 권수제는 '강감회요(綱鑑會要) 권지이상(卷之二上)'으로, 칠국기(七國紀)를 수록하였다. 목록에는 2책[二]이라고 표기되어 있어 상(上) · 하(下)의 2책으로 구성되어 있었던 것으로 보이지만, 한 책만 남아 있다.

특이 사항 | 본지 1면에 소장인이 있다.

노사 魯史

문서 번호(목록) | 2(항길116)

서체 및 판본 | 해서체, 곽란이 없는 필사본

권 · 책 | 1권 1책

크기(가로×세로, cm) | 17.3×28.3 **면수** | 164

발행인(처) 및 편찬 시기 | 미상

내용 | 춘추시대 노나라의 역사서. 은공(隱公)부터 애공(哀公)까지 12명 군주의 재위 기간을 기준으로 254년에 걸친 역사를 수록하였다. 목록에 건(乾) · 곤(坤) 2책을 소장한 것으로 기재되어 있지만, 현재는 1책(건)만 확인된다.

특이 사항 | 본지 4면에 소장인이 있다.

마사 馬史

문서 번호(목록) | 3(항길78)

서체 및 판본 | 해서체, 곽란이 없는 필사본

권·책 | 1권 1책

크기(가로×세로, cm) | 20×27.5

면수 | 116

발행인(처) 및 편찬 시기 | 미상

내용 | 중국 인물 열전. 화식전(貨殖傳)·범수전(范雎傳)·채택전(蔡澤傳)·보임소경서(報任少卿書)·한비전(韓非傳)·신릉군전(信陵君傳)·평원군전(平原君傳)·백이전(伯夷傳)·섭정전(聶政傳)·굴원전(屈原傳)·장량전(張良傳) 등이 수록되었다.

특이 사항 | 본지 1면에 소장인이 있다.

범수전 范雎傳

문서 번호(목록) | 4

서체 및 판본 | 해서체, 곽란이 있는 필사본

권·책 | 1권 1책

크기(가로×세로, cm) | 18×30

면수 | 28

발행인(처) 및 편찬 시기 | 미상

내용 | 『사기(史記)』 열전에 수록된 범수전(范雎傳)을 필사한 책.

특이 사항 | 표지에 단권(單卷)임을 뜻하는 '권지단(卷之單)'이라는 문구가 있다.

사략 史略

문서 번호(목록) | 5(항길118)

서체 및 판본 | 해서체, 곽란이 있는 목판본

권 · 책 | 3권 3책(1책 · 6책 · 7책)

크기(가로×세로, cm) | 19×26(1책), 18.5×29(6책), 19×29(7책)

면수 | 108(1책), 160(6책), 116(7책)

발행인(처) 및 편찬 시기 | 미상

내용 | 고대 중국부터 원대까지의 19사(史)를 축약한 것이다. 오대(五代)의 역사를 다루고 있으며, '사기본살진양기(史記本殺晉梁記)'라는 표기가 있다. 권1과 권6에 해당하는 1책과 6책, 그리고 표지가 유실된 권7에 해당하는 7책이 있다.

특이 사항 | 목록에는 권2~권5까지 4책이 분실되어 권1과 권6만 남았다고 기재되어 있고, 7책에 대해서는 기록이 없다. 6책에 '고금역대표제주석십구사략통고(古今歷代標題註釋十九史略通攷) 권지육(卷之六)'이라는 속표제가 있고, 본지 1면에 소장인이 있다.

사요취선 史要聚選

문서 번호(목록) | 6

서체 및 판본 | 해서체, 곽란이 있는 필사본

권·책 | 2권 1책

크기(가로×세로, cm) | 18×27.5

면수 | 78

발행인(처) 및 편찬 시기 | 미상

내용 | 『사요취선(史要聚選)』에서 원나라 부분을 발췌한 책. 표지에 '원이(元二)'라고 기재되어 있고, 내용은 제왕(帝王)·공족(公族)·부오월(附吳越)로 구성되어 있다.

특이 사항 | 본지 5면에 소장인이 있다.

소왕사기 素王事紀

문서 번호(목록) | 7(항길62)

서체 및 판본 | 해서체, 곽란이 있는 필사본

권·책 | 1권 1책

크기(가로×세로, cm) | 19.3×30.2

면수 | 104

발행인(처) 및 편찬 시기 | 전이채·박치유(태인), 1684년 7월

내용 | 공자의 행적을 다룬 『신간소왕사기(新刊素王事紀)』. 부록으로 대명회전축의(大明會典祝儀)·황명통유(皇明通諭)가 함께 수록되었다. 전이채(田以采)·박치유(朴致維)가 태인(泰仁)에서 갑자년(1684) 7월 하순에 편찬하였다.

특이 사항 | 표지에 단권(單卷)임을 의미하는 '단(單)'이 기재되어 있다. 본지 1면에 소장인이 있다.

송조명신록 宋朝名臣錄

문서 번호(목록) | 8(항길101)

서체 및 판본 | 해서체, 곽란이 없는 필사본

권 · 책 | 1권 1책

크기(가로×세로, cm) | 16×22.5

면수 | 198

발행인(처) 및 편찬 시기 | 장채, 17세기 중반

내용 | 17세기 중반 장채(張采, ?~1661)가 저술한 책. 중국 북송(北宋)과 남송(南宋)의 저명한 신하들에 대한 기록이다. 송 태조(宋太祖)에서부터 남송의 마지막 황제 제병(帝昺)에 이르기까지 군주를 중심으로 항목을 구분하였다.

특이 사항 | 목록에 『송조군보감(宋朝君寶鑑)』으로 수록되었다. 항목별로 군주의 행적이 비교적 소상히 기록되어 있기 때문인 듯하다. 또 건(乾) · 곤(坤) 2책이 존재했다고 하지만, 실제로는 1책으로 엮어져 있다. 뒤표지에는 『송조군신보감(宋朝君臣寶鑑)』 건 · 곤으로 기재되어 있으며, '무신년 3월[歲戊申季春]'이라는 필사 시기도 확인된다. 본지 4면에 소장인이 있다.

증보회령 增補會靈

문서 번호(목록) | 9(항길112)

서체 및 판본 | 해서체, 곽란이 있는 활자본

권·책 | 9권 2책

크기(가로×세로, cm) | 19×25.3(1~2책)

면수 | 268(1책), 288(2책)

발행인(처) 및 편찬 시기 | 김경현, 19세기

내용 | '인의(仁義)'와 '예지(禮智)'로 명명된 2책에 실린 9권으로 구성된 책. 권수제는 '사요취선(史要聚選)'이다. 『사요취선』은 조선 인조 대 권이생(權以生)이 중국 고대부터 명(明)나라 영명왕(永明王)에 이르기까지의 역사적 주요 사실을 엮은 역사서이다. 김경현(金卿鉉)이 『사요취선』의 내용을 발췌하여 1책에 권1~4를, 2책에 권5~9를 수록하였다.

특이 사항 | 권9의 말미에 '김경현선(金卿鉉選)', '구봉정사(九峯精舍)'라고 쓰여 있다. 1책의 본지 3면에 1개, 2책의 본지 1면에 2개의 소장인이 있다.

통감 通鑑 초 抄

문서 번호(목록) | 10

서체 및 판본 | 행서체, 곽란이 없는 필사본

권·책 | 1권 1책

크기(가로×세로, cm) | 16×22.5 **면수** | 176

발행인(처) 및 편찬 시기 | 미상

내용 | 『통감(通鑑)』에서 주나라부터 당나라 때까지 15권의 역사를 발췌하여 정리한 책.

특이 사항 | 표지에 '자주급당(自周及唐)', 뒷면에는 '역대(歷代) 십오권합부(十五卷合部)'라는 표기가 있다. 본지 3면에 소장인이 있다.

통감 通鑑

문서 번호(목록) | 11(항길166)

서체 및 판본 | 해서체, 곽란이 있는 활자본(1~6책, 9책), 목판본(7~8책, 10~17책)

권·책 | 56권 17책

크기(가로×세로, cm) | 18.5×27(1책), 19×27(2책), 18.5×27(3책), 18.5×26(4책), 18.5×27.5(5책), 19×26.5(6책), 20×31.3(7책), 18.5×26.5(8~9책), 21.5×31.5(10책), 22×33.2(11책), 22×33.5(12책), 22×34(13~15책, 17책), 22×34.5(16책)

면수 | 66(1책), 70(2~3책), 66(4책), 68(5~6책), 72(7~9책), 173(10책), 140(11책), 124(12책), 134(13책), 150(14책), 146(15책), 182(16책), 188(17책)

발행인(처) 및 편찬 시기 | 미상, 1914년 등

내용 | 『소미가숙점교부음통감절요(少微家塾點校附音通鑑節要)』. 목록에는 15책으로 기록되어 있지만, 실제로는 총 56권 17책이다. 1책은 권이(卷二)로 권3~5, 2책은 제삼(第三)으로 권6~9, 3책은 권지일(卷之二)로 권6~9, 4책은 제권지오(第卷之五)로 권13~15, 5책은 권지오(卷之五)로 권13~15, 6책은 제십이(第十二)로 권16~19, 7책은 권지칠(卷之七)로 권20~24, 8책은 권지이십오(卷之二十五)로 권25~27, 9책은 권지이십팔(卷之二十八)로 권28~31, 10책은 권지일(卷之一)로 권1~2, 11책은 권지십일(卷之十一)로 권10~12, 12책은 권지십삼(卷之十三)으로 권13~15, 13책은 권지십(卷之十)으로 권33~35, 14책은 권지삼십구(卷之三十九)로 권39~41, 15책은 십삼(十三)으로 권42~44, 16책은 권지십사(卷之十四)로 권45~47, 17책은 권지십오(卷之十五)로 권48~50이 수록되어 있다. 2책과 3책, 4~5책과 12책은 동일한 내용이다.

특이 사항 | 4책에는 '대정삼년구월이십이일인쇄(大正三年九月二十二日印刷), 대정삼년십월십구일발행(大正三年十月十九日發行)', 6~8책에는 '대정이년팔월이십일인쇄(大正二年八月二十日印刷), 대정삼년십월이십오일발행(大正三年十月二十五日發行)'이라는 문구가 있다. 6책 뒤표지에 울릉도가 그려진 지도가 있다.

한서 漢書

문서 번호(목록) | 12(항길15 · 69)

서체 및 판본 | 해서체, 곽란이 없는 필사본

권 · 책 | 2권 2책

크기(가로×세로, cm) | 16.5×24(1책), 16.2×23.7(2책)

면수 | 196(1책), 216(2책)

발행인(처) 및 편찬 시기 | 미상

내용 | 중국 한나라 반고(班固)가 지은 『한서(漢書)』의 일부를 발췌하여 건(乾) · 곤(坤) 2책으로 엮은 책. 2책에는 '한서(漢書) 초(抄) 하(下)'라는 권수제가 있어서 건을 상책(上冊), 곤을 하책(下冊)으로 여겼음을 알 수 있다. 건(상책)은 고제기(高帝紀)를 비롯한 12건의 기(紀), 이성제후왕표(異姓諸侯王表)를 비롯한 8건의 표(表), 율력지(律曆志)를 비롯한 10건의 지(志)로 구성되어 있다. 곤(하책)은 '한서열전(漢書列傳)'이며 진승전(陳勝傳)을 비롯하여 184명의 기록이 수록되었다.

특이 사항 | 목록에는 1책이 항길15, 2책이 항길69로 수록되어 있다. 항길15에는 건(乾) · 곤(坤)의 2책이라고 되어 있고, 1책은 옆면에 '십오-일(十五-一)'이 확인된다. 또 목록의 항길69에는 곤(坤)을 표기하고 "건(乾)은 분실되었다.[乾紛失.]"라고 기재하였다. 2건으로 수록되었지만, 1책(건)과 2책(곤)은 한 세트이다. 1책의 본지 2면, 2책의 본지 5면에 소장인이 있다.

초록 抄錄 (가칭)

문서 번호(목록) | 13

서체 및 판본 | 해서체, 곽란이 없는 필사본

권·책 | 1권 1책

크기(가로×세로, cm) | 17.5×28

면수 | 12

발행인(처) 및 편찬 시기 | 미상

내용 | 『한서(漢書)』의 일부를 발췌한 기록.

특이 사항 | 표지가 없어, 제목을 '초록(抄錄)'이라고 하였다. 지면의 유실이 심하여 원형을 알 수 없다.

Ⅶ

예서(禮書) 및 의례서(儀禮書)

항길고택문고에 소장된 예서와 의례서의 비중은 작은 편이다. 하지만 『가례(家禮)』를 비롯한 예서와 의례서를 중시하고, 또 실제 생활에서 사용한 흔적이 완연하다. 따라서 온전한 상태로 남은 『가례』부터 1958년에 편찬된 국한문 혼용 의례서까지 별도의 장으로 정리할 필요가 있다. 항길고택에는 총 8종의 예서 및 의례서가 포함되어 있으며 상태도 양호한 편이다.

가례 家禮

문서 번호(목록) | 1(항길110)

서체 및 판본 | 해서체, 곽란이 있는 목판본

권 · 책 | 7권 2책

크기(가로×세로, cm) | 22×31.5(1책), 22.2×31.5(2책)

면수 | 140(1책), 200(2책)

발행인(처) 및 편찬 시기 | 미상

내용 | 관혼상제(冠婚喪祭)의 사례를 담은 예서. 목록에는 '가례(家禮) 대상례(大喪禮)'라고 기재되어 있지만, 실제로는 사례(四禮)가 건(乾) · 곤(坤), 2책에 나누어 수록되었다. 1책(건)은 권1~3, 2책(곤)은 권4~7로 구성되어 있다. 권1은 통례(通禮), 권2는 관례(冠禮), 권3은 혼례(昏禮, 婚禮), 권4~6은 상례(喪禮), 권7은 제례(祭禮)이다. 국가의 운영과 사대부의 생활에 있어서 근간이 된 예법을 담고 있다.

특이 사항 | 두 책 모두 본지 1면에 소장인이 있다.

가례증편 家禮增編

문서 번호(목록) | 2(항길111)

서체 및 판본 | 해서체, 곽란이 있는 필사본

권 · 책 | 7권 4책

크기(가로×세로, cm) | 18.8×28.3(1책), 19×28.3(2~3책), 18.9×28.3(4책)

면수 | 232(1책), 162(2책), 190(3책), 220(4책)

발행인(처) 및 편찬 시기 | 미상

내용 | 『가례(家禮)』를 증보하여 총 7권을 원(元) · 정(亨) · 이(利) · 정(貞)의 4책으로 발간한 책. 권1~3은 1책(원), 권4는 2책(정), 권5~6은 3책(이), 권7은 4책(정)에 수록되었다. 목록에 『가례』로 기재된 4책에 해당한다.

특이 사항 | 4책이 보관용 함에 들어가 있다. 함의 상단에 "잃어버리지 않도록 철저히 지켜서 대대손손 전하라[守而勿失, 傳之子孫]"라는 문구가 있고, '호군댁 소장(護軍宅所藏)'이라고 소장처를 밝히고 있다. 동시에 함의 속지에 소장처와 별개로 책의 주인을 기록했는데 '책 주인 삼척군 북삼면 용정리 항길댁(冊主人三陟郡北三面龍井里恒吉宅)'이다. 1~3책은 본지 1면, 4책은 본지 3면에 소장인이 있다.

예의유집 禮疑類輯

문서 번호(목록) | 3(항길5)

서체 및 판본 | 행서체, 곽란이 있는 필사본

권·책 | 1권 1책

크기(가로×세로, cm) | 19.5×30

면수 | 135

발행인(처) 및 편찬 시기 | 박성원, 1783년

내용 | 1783년 박성원(朴聖源)이 조선의 예설(禮說)을 엮어서 28권 15책으로 편찬한 『예의유집(禮疑類輯)』에서 중요한 내용을 발췌하여 모아 놓은 책이다. 항길고택문고의 『예의유집』은 천(天)·지(地)·인(人)의 3권 3책으로 구성한 『예의유집초(禮疑類輯抄)』이며, 권1과 권2에 해당하는 천과 지는 분실되어 권3(인)만 남아 있다.

특이 사항 | 목록에 "천과 지, 2권은 분실되었다[天地二卷紛失]"라고 하여, 1책과 2책이 분실된 사실을 기록하였다. 실제로 3책에 해당하는 '인(人)'만 남아 있다. 본지의 5면에 소장인이 2회 날인되었다.

사례촬요 四禮撮要 축식 祝式

문서 번호(목록) | 4(항길55)

서체 및 판본 | 행서체, 곽란이 없는 필사본

권·책 | 1권 1책

크기(가로×세로, cm) | 19.5×30

면수 | 124

발행인(처) 및 편찬 시기 | 미상

내용 | 5권 3책의『사례촬요(四禮撮要)』를 축약하여 필사한 책.

향약문 鄕約文 단 單

문서 번호(목록) | 5(항길94)

서체 및 판본 | 해서체, 곽란이 있는 필사본

권·책 | 1권 1책

크기(가로×세로, cm) | 18×27.5

면수 | 126

발행인(처) 및 편찬 시기 | 송재경, 1844

내용 | 1844년 송재경(宋在慶)이 화양동(華陽洞)에서 중국 송나라의 여씨(呂氏) 형제가 지은 향약과 이이(李珥)가 지은 향약을 모방하여 지은 책. 항길고택문고에 소장된『향약문』은 영모정(永慕亭)에서 1857년(철종 8)에 작성되었다고 기록되어 있는데 아마 송재경의 책을 저본으로 삼은 듯하다. 주자증손여씨향약(朱子增損呂氏鄕約)·율곡선생향약문(栗谷先生鄕約文)·서원향약입의(西原鄕約立議)로 구성되어 있다.

특이 사항 | 본지 1면에 소장인이 2회 날인되었다.

한글 해석 혼상제례절요 婚喪祭禮節要

문서 번호(목록) | 6

서체 및 판본 | 국한문 혼용, 곽란이 있는 인쇄본

권·책 | 1권 1책

크기(가로×세로, cm) | 15.2×21

면수 | 91

발행인(처) 및 편찬 시기 | 진문출판사, 1958년

내용 | 국한문 혼용 의례서. 사례(四禮) 가운데 혼례·상례·제례를 간추려서 한글로 편찬한 보급형 예서이다. 표준의례(標準儀禮)가 부록으로 수록되었다. 국한문 혼용인데, 한문의 음까지 써 놓은 것이 특징이다. 1958년 진문출판사(眞文出版社)에서 발행되었고, 당시 가격은 600원이었다.

특이 사항 | 뒷면 좌측 하단부에 삼척군(三陟郡) 북평읍(北坪邑) 용정리(龍井里) 항길댁(恒吉宅)을 소장처로 적어 두었다.

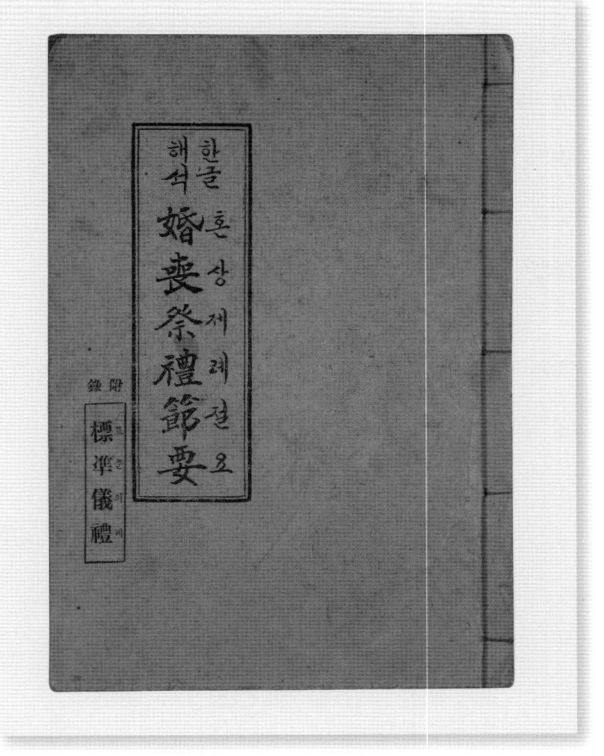

분상구 奔喪具 제복 祭服 축문식 祝文式

문서 번호(목록) | 7

서체 및 판본 | 해서체, 곽란이 없는 인쇄본

권·책 | 1권 1책

크기(가로×세로, cm) | 4.5×9

면수 | 32

발행인(처) 및 편찬 시기 | 미상

내용 | 제사 관련 복식과 규정을 담은 의례서.

상례 喪禮 (가칭)

문서 번호(목록) | 8

서체 및 판본 | 해서체, 곽란이 없는 필사본

권·책 | 첩

크기(가로×세로, cm) | 12.5×23.2

면수 | 30

발행인(처) 및 편찬 시기 | 미상

내용 | 상례에 관한 첩.

특이 사항 | 표지가 없어 가칭하였다.

Ⅷ

기타 자료

항길고택 소장 도서는 규모 면에서도 방대하지만 종류나 발간 시기도 다양하다. 이 장에서는 윤음(綸音), 사목(事目) 및 절목(節目), 유서(類書), 사전(事典), 역서(曆書), 의서(醫書), 방서(方書), 언문 소설, 재정 관련 자료, 재판 자료 등 I~VII장의 범주에 들지 못하는 도서를 별도의 목록으로 정리하였다. 또 내용이 시(詩)이더라도 도서의 형태가 아닌 첩(帖)인 경우 이 장에 수록하였다. '기타 자료'에 속하는 도서는 총 66종이며, 훼손이 심하여 내용을 확인할 수 없는 경우 '미상'으로 표기하였다. 이 장에 속하는 문서들은 작성 시기가 상이하고 내용이 다양한 만큼 상세한 연구가 필요하다.

격몽요결 擊蒙要訣

문서 번호(목록) | 1(항길102)

서체 및 판본 | 해서체, 곽란이 있는 목판본

권·책 | 1권 1책

크기(가로×세로, cm) | 19.5×29.5

면수 | 88

발행인(처) 및 편찬 시기 | 미상

내용 | 1577년 이이(李珥)가 아동의 학업 입문 교재로 지은 책. 상하합부(上下合部)이다.

경진팔월십육일전문전여기 庚辰八月十六日錢文傳與記 (가칭)

문서 번호(목록) | 2

서체 및 판본 | 행서체, 곽란이 없는 필사본

권·책 | 1권 1책

크기(가로×세로, cm) | 17.8×21.2

면수 | 24

발행인(처) 및 편찬 시기 | 미상

내용 | 경진년(庚辰年)·신사년(辛巳年)·임오년(壬午年)의 장부.

고요람 古要覽

문서 번호(목록) | 3(항길63)

서체 및 판본 | 행서체, 곽란이 없는 필사본

권·책 | 1권 1책

크기(가로×세로, cm) | 18×27

면수 | 68

발행인(처) 및 편찬 시기 | 미상

내용 | 표지에 '서책목록(書冊目錄)·향약절문(鄕約節文)·서기문(序記文)'이라고 기재되어 있다. 서책목록은 경전별 장수를 기록한 것이고, 향약절문은 향약문(鄕約文)과 향약절목(鄕約節目)을 통칭한 것이다. 상량문(上樑文)·기(記)·시장(諡狀) 등 다양한 자료를 함께 엮었다.

특이사항 | 표지와 달리 목록에는 '고요람(古要覽)'으로 수록되었다. 목록에 '서책목록'이라고 부기되어 있어, 별건의 '요람(要覽)'과 구분이 가능하다. 이를 통해 목록의 '고요람'이 본 책을 의미한다는 점을 알 수 있다. 목록에 기재된 명칭으로 수록함을 밝힌다.

고청제홀기 告淸祭笏記

문서 번호(목록) | 4

서체 및 판본 | 해서체, 곽란이 없는 필사본

권·책 | 첩

크기(가로×세로, cm) | 6.5×23

면수 | 24

발행인(처) 및 편찬 시기 | 미상

내용 | 기청제(祈晴祭)의 순서를 적은 홀기(笏記).

공문수발건 公文收撥件

문서 번호(목록) | 5

서체 및 판본 | 국한문 혼용, 곽란이 없는 필사본

권·책 | 1권 1책

크기(가로×세로, cm) | 16×23

면수 | 28

발행인(처) 및 편찬 시기 | 미상, 1911년

내용 | 수신하고 발송한 공문을 모아 놓은 책. 낱장 문서 80여 개를 등록(謄錄)으로 작성하였다.

특이 사항 | '신해정월일보고서등록(辛亥正月日報告書謄錄)'이라는 문구가 있다.

궁을경 弓乙經

문서 번호(목록) | 6

서체 및 판본 | 해서체, 곽란이 없는 필사본

권·책 | 1권 1책

크기(가로×세로, cm) | 19.5×31

면수 | 40

발행인(처) 및 편찬 시기 | 김주희, 1910년 8월

내용 | 동학(東學)의 남접주(南接主) 김주희(金周熙, 1890~1944)가 지은 동학의 경전 중 하나.

특이 사항 | 표지에 '공부자탄강이천사백육십일년추팔월일등(孔夫子誕降二千四百六十一年秋八月日謄)'이라는 문구가 있다.

금단절목 禁斷節目

문서 번호(목록) | 7

서체 및 판본 | 초서·행서체·한글, 곽란이 없는 필사본

권·책 | 1권 1책

크기(가로×세로, cm) | 28.2×31.2

면수 | 6

발행인(처) 및 편찬 시기 | 미상, 1882년

내용 | 광서 8년(1882) 12월. 삼척부에서 공용으로 낸 빚 외에 도하면의 무뢰배들이 사사로이 빚을 내어 친족으로부터 징수하는 폐단을 금지시키는 절목[光緖八年十二月日三陟府邸債公用外 道下面無賴輩 出債徵族之弊 禁斷節目].

금란사 金蘭史 전 全

문서 번호(목록) | 8(항길159)

서체 및 판본 | 언문 · 해서체, 곽란이 있는 활자본

권·책 | 2권 1책

크기(가로×세로, cm) | 19.2×28.5

면수 | 80

발행인(처) 및 편찬 시기 | 미상, 1962년

내용 | 국한문 혼용으로 발간된 금란계(金蘭契)의 역사에 대한 책. 단기 4295년(1962) 5월 22일 촬영된 금란정(金蘭亭) 기념 사진이 있다. 1권에는 서(序) · 금란계의 창설 배경[原因] · 금란정의 창건과 이건 · 금란정의 위치 · 무릉계고적(武陵溪古蹟) · 재산목록(財産目錄) · 좌목(座目)이 수록되었고, 권2에는 사조(詞藻)가 실렸다.

계미십월일남창추환봉상책 癸未十月日南倉秋還捧上冊

문서 번호(목록) | 9

서체 및 판본 | 행서체, 곽란이 없는 필사본

권·책 | 1권 1책

크기(가로×세로, cm) | 25×18.2

면수 | 32

발행인(처) 및 편찬 시기 | 미상

내용 | 계미년 10월 남창(南倉)의 추석 환곡[還上]을 봉납한 장부.

관동유록 關東儒錄 춘천 春川

문서 번호(목록) | 10

서체 및 판본 | 행서체, 곽란이 없는 필사본

권·책 | 1권 1책

크기(가로×세로, cm) | 17.5×22 **면수** | 36

발행인(처) 및 편찬 시기 | 홍재학 등, 1881년

내용 | 신사년(1881) 춘천의 유학 홍재학(洪在鶴)이 올린 상소와 공초 등 일련의 조사 및 처리 과정이 수록된 책. 신사추관동유소(辛巳秋關東儒疏)·홍재학공초(洪在鶴供招)·의계(議啓)·재초(再招)·발사(跋辭)·삼초(三招)·영남유생이만손등만인의(嶺南儒生李晩孫等萬人議) 신사이월이십일지입(辛巳二月二十日指入) 등이다. 특히 이만손은 '신사척왜상소(辛巳斥倭上疏)'의 포문을 연 '영남만인소(嶺南萬人疏)'의 소두(疏頭)였다. 이 시기 관동 지역 유생들의 분위기를 살필 수 있는 자료이다.

귀제승감산수지명 歸除乘減算數指明

문서 번호(목록) | 11

서체 및 판본 | 해서체, 곽란이 없는 필사본

권·책 | 1권 1책

크기(가로×세로, cm) | 17×15 **면수** | 98

발행인(처) 및 편찬 시기 | 미상

내용 | 길흉화복에 관한 비결서(秘決書). 표지 안쪽에 "술이 있으면 강산에 호걸이 많고, 돈이 없으면 천지에 영웅이 적다[有酒江山多豪傑, 無錢天地少豪雄]"라는 문구가 있다.

특이 사항 | 본지 3면에 소장인이 있다.

기묘팔월십칠일위시소달면진환기급가전집복기 己卯八月十七日爲始所達面陳還起及加田執卜記

문서 번호(목록) | 12

서체 및 판본 | 행서체, 곽란이 없는 필사본

권·책 | 1권 1책

크기(가로×세로, cm) | 17.8×27.2

면수 | 22

발행인(처) 및 편찬 시기 | 미상

내용 | 토지 장부의 일종. 기묘년 8월 17일부터 소달면(所達面)의 황무지[陳田]를 다시 경작하고 추가로 세금을 매긴 밭에 대한 기록이다.

난정집서 蘭亭集序 (가칭)

문서 번호(목록) | 13

서체 및 판본 | 해서체, 곽란이 없는 필사본

권·책 | 첩

크기(가로×세로, cm) | 12×27

면수 | 16

발행인(처) 및 편찬 시기 | 미상

내용 | 353년 동진(東晉)의 서예가 왕희지(王羲之)가 37수의 시를 엮어 지은 『난정집(蘭亭集)』의 서문이다. 왕희지가 직접 지은 서문은 명문장으로 꼽힌다. 난정집서를 쓴 첩이다.

남음 南音

문서 번호(목록) | 14

서체 및 판본 | 해서체, 곽란이 없는 필사본

권·책 | 1권 1책

크기(가로×세로, cm) | 19×18.5 **면수** | 164

발행인(처) 및 편찬 시기 | 미상

내용 | 십간(十干)과 십이지(十二支)에 관한 책. 표지의 '유조집서병순모(柔兆執徐病旬模)'로 미루어 병진년 3월 10일에 제작된 것으로 보인다.

특이 사항 | 표지와 표지 안쪽에 각각 "문장은 곤궁함에서 나오고, 부귀는 근고함에서 얻어진다[文章出於困窮, 富貴得於勤苦]", "병진년 용정에서 등사하였다[丙辰始謄于龍井]"라는 문구가 있다.

남음집 南音集

문서 번호(목록) | 15

서체 및 판본 | 해서체, 곽란이 없는 필사본

권·책 | 1권 1책

크기(가로×세로, cm) | 15.8×17.5 **면수** | 164

발행인(처) 및 편찬 시기 | 미상

내용 | 칠언시로 엮은 책.

특이 사항 | 표지에는 '남음(南音)', 속표지에는 '남음집(南音集)'으로 되어 있다. 표지에 '용정서숙(龍井書塾) 병진신제(丙辰新題) 정월하한(正月下澣)'이라는 문구가 있다. 병진년 1월 하순에 제작되었음을 알 수 있다.

녹기광음 錄記光陰

문서 번호(목록) | 16(항길29)

서체 및 판본 | 언문 · 해서체, 곽란이 없는 필사본

권·책 | 1권 1책

크기(가로×세로, cm) | 15.5×24.5

면수 | 88

발행인(처) 및 편찬 시기 | 미상, 1897년

내용 | 책력(冊曆)과 시부(詩賦) 등이 합부된 책. 통문(通文)을 비롯한 다른 글도 여럿 보인다. 언문과 해서체 한문이 함께 쓰였다.

특이 사항 | 속표지에 '신해삼월초오일(辛亥三月初五日)', 뒤표지에는 '정유삼월기사일등서우용정정사(丁酉三月己巳日謄書于龍井精舍)'라는 문구가 있다.

대가정선 大家精選

문서 번호(목록) | 17(항길40)

서체 및 판본 | 해서체, 곽란이 없는 필사본

권·책 | 1권 1책

크기(가로×세로, cm) | 15×23.5

면수 | 156

발행인(처) 및 편찬 시기 | 미상

내용 | 필치로 유명한 문인들의 글을 모아 놓은 책. 속표지에 '제가정선(諸家精選)'으로 되어 있다. 본문에는 대가정선과 제가정선이 구분되어 있다.

특이 사항 | 본지 3면에 소장인이 있다.

대정십년조선민력 大正十年朝鮮民曆

문서 번호(목록) | 18

서체 및 판본 | 해서체, 곽란이 없는 필사본

권·책 | 5권 1책

크기(가로×세로, cm) | 15.5×24 **면수** | 184

발행인(처) 및 편찬 시기 | 조선총독부, 1921년 등

내용 | 1921년(대정 10) 일본의 조선총독부(朝鮮總督府)에서 편찬한 역서(曆書). 대한융희사년력(大韓隆熙四年曆)·대정오년조선민력(大正五年朝鮮民曆)·대정육년조선민력(大正六年朝鮮民曆)·대정구년조선민력(大正九年朝鮮民曆)의 합본이다. 융희력은 조선의 학부(學部) 인쇄국(印刷局), 대정력은 조선총독부 궁방총무국(宮房總務局)에서 인쇄되었다. 양력과 음력이 모두 표시되고, 절기도 포함되어 있다.

특이 사항 | 뒤표지에 조선을 포함한 일본국 지도가 수록되어 있다.

동표 東表

문서 번호(목록) | 19

서체 및 판본 | 행서체, 곽란이 없는 필사본

권·책 | 1권 1책

크기(가로×세로, cm) | 18×29.5

면수 | 30

발행인(처) 및 편찬 시기 | 미상

내용 | 중국 한나라 때 황제에게 올린 표(表)와 조선시대 국왕에게 올린 상서(上書) 등이 수록된 책.

두창신방 痘瘡神方

문서 번호(목록) | 20(항길43)

서체 및 판본 | 행서체, 곽란이 없는 필사본

권·책 | 1권 1책

크기(가로×세로, cm) | 15.3×22.5

면수 | 62

발행인(처) 및 편찬 시기 | 미상

내용 | 의서(醫書). 천연두에 대한 비방을 담고 있다.

특이 사항 | 본지 1면에 소장인이 있다. 목록에는 '약비방단(藥祕方單)'이라고 기재되어 있다.

등악양루 登岳陽樓 (가칭)

문서 번호(목록) | 21

서체 및 판본 | 해서체, 곽란이 없는 필사본

권·책 | 첩

크기(가로×세로, cm) | 9.5×27.5

면수 | 24

발행인(처) 및 편찬 시기 | 미상

내용 | 두보의 시 '등악양루(登岳陽樓)'를 적은 첩.

만금록 萬金錄

문서 번호(목록) | 22

서체 및 판본 | 초서·해서체, 곽란이 없는 필사본

권·책 | 1권 1책

크기(가로×세로, cm) | 20×6

면수 | 60

발행인(처) 및 편찬 시기 | 미상, 1912년

내용 | 재정에 관한 장부.

특이 사항 | 표지에 '임자정월이십사일정해(壬子正月二十四日丁亥)', 뒷면에 '용정휘리중기재장부(龍井揮罹中記載帳簿)'라고 기록되어 있다. 내용은 김치운(金致雲) 등 24명이 수록된 '임자정월이십사일정해용정휘리열명(壬子正月二十四日丁亥龍井揮罹列名)'이다. 60면 가운데 3면을 제외한 나머지는 모두 공백이다.

만금록비망장 萬金錄備忘帳

문서 번호(목록) | 23

서체 및 판본 | 행서체, 곽란이 없는 필사본

권·책 | 1권 1책

크기(가로×세로, cm) | 16.5×24.5

면수 | 56

발행인(처) 및 편찬 시기 | 미상

내용 | 재정 장부.

특이 사항 | 표지에 '세재무진정월일(歲在戊辰正月日) 호군정사(護軍精舍)'라는 문구가 있다.

만병회춘방 萬病回春方

문서 번호(목록) | 24

서체 및 판본 | 행서체, 곽란이 없는 필사본

권·책 | 1권 1책

크기(가로×세로, cm) | 17×28.5

면수 | 32

발행인(처) 및 편찬 시기 | 미상

내용 | 여러 질병에 대한 처방을 기록한 의서(醫書). '동국의사경험문(東國醫師經驗文)'이라는 문구가 있다.

망계광초 望桂狂草

문서 번호(목록) | 25

서체 및 판본 | 해서체, 곽란이 없는 필사본

권·책 | 1권 1책

크기(가로×세로, cm) | 19.5×13

면수 | 58

발행인(처) 및 편찬 시기 | 미상

내용 | 경서(經書)·예서(禮書)·명리서(命理書) 등의 내용을 발췌하고 잡저(雜著) 형식으로 수록한 책.

무오십월일교전답복정봉상책 戊午十月日校田畓卜定捧上冊

문서 번호(목록) | 26

서체 및 판본 | 행서체, 곽란이 없는 필사본

권·책 | 1권 1책

크기(가로×세로, cm) | 18×27.5

면수 | 10

발행인(처) 및 편찬 시기 | 미상

내용 | 향교가 소유한 논과 밭에 세금을 부과한 내역을 보고한 책.

반남박씨문헌록 潘南朴氏文獻錄

문서 번호(목록) | 27

서체 및 판본 | 해서체, 곽란이 있는 석인본

권·책 | 1권 1책

크기(가로×세로, cm) | 19.5×28.5

면수 | 156

발행인(처) 및 편찬 시기 | 반남박씨, 1972년 8월 15일

내용 | 반남박씨의 저명한 인사들을 사전 형태로 수록한 책. 1972년 8월 15일에 발간되었다.

범보요람 凡譜要覽 단 單

문서 번호(목록) | 28

서체 및 판본 | 행서체, 곽란이 없는 필사본

권·책 | 첩

크기(가로×세로, cm) | 5×23.5

면수 | 46

발행인(처) 및 편찬 시기 | 미상

내용 | 미상.

부추 賦椎 단 單 문장부 文章部

문서 번호(목록) | 29(항길121)

서체 및 판본 | 행서체, 곽란이 없는 필사본

권·책 | 1권 1책

크기(가로×세로, cm) | 15.3×21.3

면수 | 184

발행인(처) 및 편찬 시기 | 미상

내용 | 음양서(陰陽書). 천도부(天道部)·지도부(地道部)·인도부(人道部)로 구성되어 있다.

특이 사항 | 본지 1면에 소장인이 있다.

사물유회 事物類會

문서 번호(목록) | 30(항길24)

서체 및 판본 | 행서체, 곽란이 없는 필사본

권·책 | 4권 4책

크기(가로×세로, cm) | 18×26(1~4책)

면수 | 172(1책), 146(2책), 120(3책), 242(4책)

발행인(처) 및 편찬 시기 | 미상

내용 | 목록에는『사문유회(事文類會)』천(天)·지(地)와『사물유회(事物類會)』재(才)·인(人)이 하나의 항목(항길24-1~4)으로 기재되었다. 권수제도 서로 달라서 1책(천)은 '신편사문유취(新編事文類聚)', 3책(재)은 '신편고금사물유취권지사(新編古今事物類聚卷之四)', 4책(인)은 '신편고금사물유취(新編古今事物類聚)'이다. 2책(지)은 권수제가 없다. 목록에서는 '사물유초(事物類抄)'라고 하여 본서 4책이『사물유회』의 내용을 발췌하였음을 밝혔다.

특이 사항 | 1책은 본지의 7면, 2책은 본지의 3면, 3책은 본지의 1면, 4책은 본지의 3면에 소장인이 있다.

사행 士行

문서 번호(목록) | 31

서체 및 판본 | 해서체, 곽란이 없는 필사본

권·책 | 1권 1책

크기(가로×세로, cm) | 18×26.2

면수 | 28

발행인(처) 및 편찬 시기 | 신응조, 1871년 4월

내용 | 신응조(申應朝, 1804~1899)가 강원도관찰사로 있을 때 쓴 글. 사행(士行)과 민업(民業)으로 구성되어 있다.

특이 사항 | 표지에 '신유오월일제하(辛酉五月日制下)'라는 문구가 있는데, 신응조의 재임 기간(1870~1873)을 고려했을 때 '신미(辛未, 1871)'의 오기로 추정된다. '순상신응조소제(巡相申應朝所制)'의 말미에 "신미년 4월에 동양 신응조가 썼다[辛未孟夏東陽申應朝書]"라는 문구도 확인된다.

성학문답권지 聖學問答卷之

문서 번호(목록) | 32

서체 및 판본 | 해서체, 곽란이 있는 필사본

권·책 | 1권 1책

크기(가로×세로, cm) | 18×27

면수 | 112

발행인(처) 및 편찬 시기 | 미상

내용 | 표지가 없으며 권수제는 '성학문답권지(聖學問答卷之)'이다. 맹자를 비롯한 선유(先儒)들과의 문답이다. 그 밖에 경성잠(警省箴)·상횡헌청재소서(上爨軒淸齋所書)·위안문(慰安文)·향음주의(鄕飮酒義)·상향교유회중서(上鄉校儒會中書) 등이 있고, 그 뒤에 수십 종의 제문(祭文)이 수록되어 있다. 말미에 송건수(宋建秀)가 올린 상소의 초고가 있다.

소학일기 少學日記

문서 번호(목록) | 33(항길164)

서체 및 판본 | 해서체, 곽란이 있는 활자본

권·책 | 4권 1책

크기(가로×세로, cm) | 18.3×25.3

면수 | 162

발행인(처) 및 편찬 시기 | 미상

내용 | 성현들의 언행과 고사를 모아 놓은 책. 표지에 '고사(古事)'라는 문구가 있다. 속표제는 '성현언행절요고사(聖賢言行切要故事) 권지칠(卷之七)'이다. 『소학(小學)』과 무관하며, 일기 형식도 아니다.

특이 사항 | 목록에 2책으로 기재되어 있지만, 현재 1책만 남아 있다.

신상정사목 新詳定事目

문서 번호(목록) | 34

서체 및 판본 | 해서체, 곽란이 없는 필사본

권·책 | 1권 1책

크기(가로×세로, cm) | 26×35 **면수** | 176

발행인(처) 및 편찬 시기 | 미상, 1754년 11월

내용 | 강원도의 상정법(詳定法)에 대한 사목이다. 사목 서두의 갑술년 8월 24일 입시 기사는 『승정원일기(承政院日記)』에서도 확인된다. 이때 논의가 시작되어 동년 11월에 본 사목이 강원도에 반포되었던 것 같다. 상정법의 시행에 대한 자세한 사항들이 나와 있어 중요한 사료적 가치를 가지고 있으며, 특히 강원도의 재정 구조를 이해하는 데 도움이 된다. 울릉도 수토(搜討)와 관련한 내용도 있다.

특이 사항 | 표지에 "갑술년 11월에 새로 반포하였다[甲戌十一月日新頒]"라는 문구가 있다.

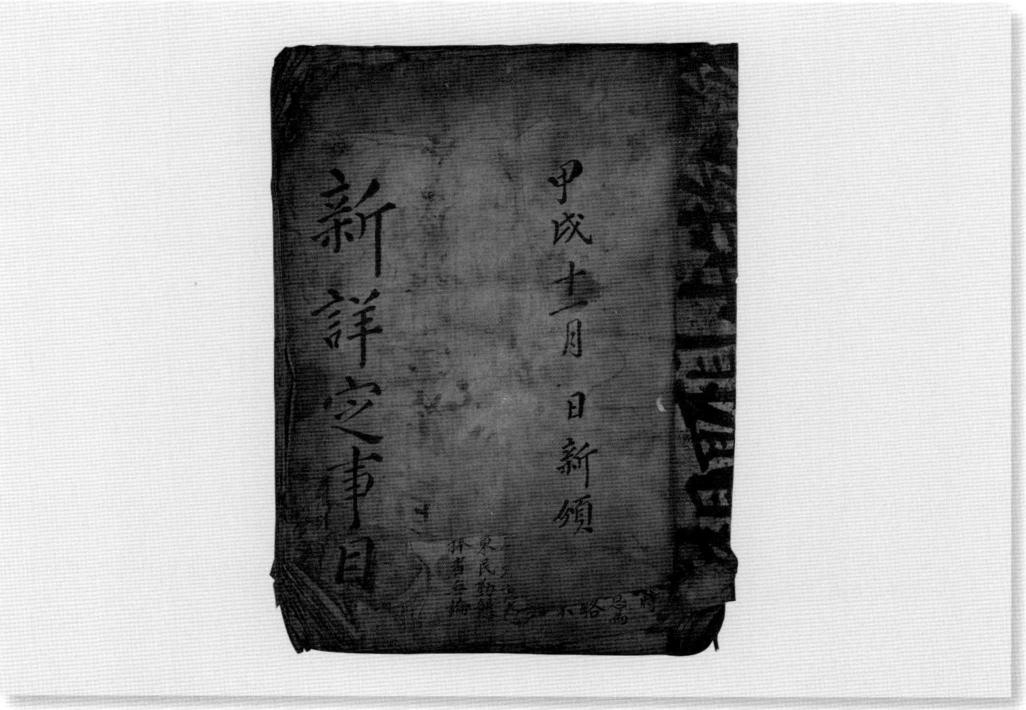

어제윤음 御製綸音

문서 번호(목록) | 35(항길74)

서체 및 판본 | 언문 · 해서체, 곽란이 있는 목판본

권 · 책 | 1권 1책

크기(가로×세로, cm) | 21.5×35

면수 | 62

발행인(처) 및 편찬 시기 | 정조, 1783년

내용 | 1782년과 1783년에 반포된 정조의 어제윤음을 엮은 책. 목록에 2종이 있다고 기록되어 있으나, 현재는 1책만 있다. 옆에 '74-2'라고 기록된 것으로 보아, 1책(항길74-1)은 분실된 것으로 추정된다. 한문과 언문이 함께 수록되었다. 유중외대소신서윤음(諭中外大小臣庶綸音) · 유듕외대쇼신셔륜음[언문] · 숭유중도윤음(崇儒重道綸音)으로 구성되어 있다. 숭유중도윤음 뒤에 '건륭사십칠년십이월이십구일(乾隆四十七年十二月二十九日)'이라는 문구가 있어 1782년 12월에 작성되었음을 알 수 있다. 표지 뒷면에 '원춘감영(原春監營), 계묘중춘(癸卯仲春)'이라고 쓰여 있으므로, 1783년 2월에 강원감영 등을 대상으로 반포된 윤음임을 알 수 있다.

특이 사항 | 본지 3면에 소장인이 있다.

옥총 玉叢

문서 번호(목록) | 36(항길10)

서체 및 판본 | 해서체, 곽란이 있는 필사본

권·책 | 4권 2책

크기(가로×세로, cm) | 19×26(1책), 18.5×26(2책)

면수 | 136(1책), 164(2책)

발행인(처) 및 편찬 시기 | 미상

내용 | 옥편. 건(乾)·곤(坤) 2책으로 구성되어 있으며, 속표제는 '신편옥총(新編玉叢)'이다. 1책(건)은 권1~2, 2책(곤)은 권3~4로 구성되어 있다.

특이 사항 | 각 책의 본지 3면에 소장인이 있다.

용부 龍紨 초 抄

문서 번호(목록) | 37

서체 및 판본 | 해서체, 곽란이 없는 필사본

권·책 | 1권 1책

크기(가로×세로, cm) | 13×18.2

면수 | 136

발행인(처) 및 편찬 시기 | 미상

내용 | 『주역(周易)』의 계사(繫辭) 편을 발췌하여 엮은 책. '주역합부(周易合部)'라는 표기가 있다. 64괘(卦)를 다룬 역술서이다.

특이 사항 | 표지에 '계사(繫辭) 합부(合部)'라고 기재되어 있고, 속표제에 '주역대전(周易大全)'이라는 문구가 있다.

운고 韻考

문서 번호(목록) | 38(항길73)

서체 및 판본 | 해서체, 곽란이 있는 목판본

권·책 | 1권 1책

크기(가로×세로, cm) | 22×32.5

면수 | 134

발행인(처) 및 편찬 시기 | 미상, 1856년

내용 | 발음과 음율에 관한 책. 권수제는 '옥휘운고(玉彙韻考)'이다. 표지에 병진년 2월 상순에 엮었다는 사실이 기재되어 있다. 목록에 2책이라고 했으나, 현재 1책만 전한다.

특이 사항 | 본지 3면에 소장인이 있다.

임진삼월초일일위시하기 壬辰三月初一日爲始下記

문서 번호(목록) | 39

서체 및 판본 | 초서체, 곽란이 없는 필사본

권·책 | 1권 1책

크기(가로×세로, cm) | 17×18.2

면수 | 14

발행인(처) 및 편찬 시기 | 미상

내용 | 재정 관련 자료. 임진년 3월 1일에 기록을 시작한 지출 장부.

자평 子平

문서 번호(목록) | 40

서체 및 판본 | 행서체, 곽란이 없는 필사본

권·책 | 1권 1책

크기(가로×세로, cm) | 18×22

면수 | 82

발행인(처) 및 편찬 시기 | 미상

내용 | 명리서인 『연해자평(淵海子平)』이다. 중국 남송의 서승(徐升)이 자평법(子平法) 명리학 이론을 토대로 저술한 『연해(淵海)』를 저본으로 명나라 때 당금지(唐錦池)가 편찬하였다. 본래 5권으로 구성되어 있지만, 민간에 널리 전승되면서 다양한 판본이 만들어졌다. 항길고택문고에 소장된 책은 하(下)에 해당하며, 상(上)도 존재하였을 것이다. 실용적인 목적으로 간추린 것으로 추정되지만, 편찬 시기나 주체는 미상이다.

잡기 雜記

문서 번호(목록) | 41(항길44)

서체 및 판본 | 해서체, 곽란이 없는 필사본

권·책 | 1권 1책

크기(가로×세로, cm) | 16×27.5

면수 | 34

발행인(처) 및 편찬 시기 | 미상

내용 | 약비방(藥秘方)을 담은 의서(醫書).

특이 사항 | 본지 5면에 소장인이 있다. 목록에 항길43과 같은 약비방단(藥秘方單)이라고 기재되어 있다.

전안 田案

문서 번호(목록) | 42

서체 및 판본 | 해서체, 곽란이 없는 필사본

권·책 | 1권 1책

크기(가로×세로, cm) | 18.5×30

면수 | 20

발행인(처) 및 편찬 시기 | 미상

내용 | 예쇠전정안(禮釗田政案). 전안은 조선시대의 토지 대장을 이른다. 논과 밭의 위치와 크기(길이와 너비), 경작 규모, 주인의 이름 등이 기록되었다.

특이 사항 | 속표지에 '항길댁(恒吉宅)'이라는 문구가 있다. 본지의 3~4면에 걸쳐 소장인을 비롯한 3개의 인장이 날인되었다.

전운옥편 全韻玉篇

문서 번호(목록) | 43(항길34)

서체 및 판본 | 해서체, 곽란이 있는 목판본

권·책 | 2권 2책

크기(가로×세로, cm) | 19×29(1~2책)

면수 | 151(1책), 175(2책)

발행인(처) 및 편찬 시기 | 정조, 1796년

내용 | 조선 정조 연간에 편찬된 자전(字典). 상(上)·하(下) 2책으로 이루어져 있으며, 총 17획으로 구성되었다. 상책은 1~4획, 하책은 5~17획을 배열하였다. 표제자는 214부(部)로 분류되어 있다.

적성의전

문서 번호(목록) | 44

서체 및 판본 | 언문, 곽란이 없는 필사본

권·책 | 1권 1책

크기(가로×세로, cm) | 18×27

면수 | 108

발행인(처) 및 편찬 시기 | 미상

내용 | 조선시대의 고전 소설 『적성의전(赤聖儀傳)』의 언해본.

정음통석 正音通釋

문서 번호(목록) | 45(항길99)

서체 및 판본 | 해서체, 곽란이 있는 활자본

권·책 | 2권 1책

크기(가로×세로, cm) | 17×25

면수 | 128

발행인(처) 및 편찬 시기 | 박성원, 1747년

내용 | 훈민정음 교재. 속표지는 '화동정음(華東正音)', 권수제는 '화동정음통석운고(華東正音通釋韻考)'이다. 1747년 박성원(朴性源)이 발간하였다. 화동정음통석운고서(華東正音通釋韻考序)와 권1, 권2로 구성되어 있다.

특이 사항 | 본지의 3면에 소장인이 있다.

지덕사종계종규 至德祠宗契宗規

문서 번호(목록) | 46

서체 및 판본 | 초서체 및 한글, 수기 문서

권·책 | 1권 1책

크기(가로×세로, cm) | 15×21.5

면수 | 12

발행인(처) 및 편찬 시기 | 미상, 1916년

내용 | 지덕사종계서(至德祠宗契序)와 대정(大正) 5년(1916)에 작성된 27조목의 지덕사종계종규(至德祠宗契宗規)로 구성되어 있다.

특이 사항 | 책의 말미에 도유사(都有司) 등 종계 임원의 명단이 있다.

지리전서 地理全書 (가칭)

문서 번호(목록) | 47

서체 및 판본 | 행서체, 곽란이 없는 필사본

권·책 | 1권 1책

크기(가로×세로, cm) | 16×21

면수 | 84

발행인(처) 및 편찬 시기 | 미상

내용 | 명리서. 풍수지리에 관한 내용이다. 표지는 없고『지리전서』등을 합본한 책이다. 『지리전서』 권지일(卷之一)·시부(詩賦)·지현론(至玄論)·신편명가지리대전(新編名家地理大全) 권지육(卷之六)으로 구성되어 있다.

천기대요 天機大要

문서 번호(목록) | 48(항길16)

서체 및 판본 | 해서체, 곽란이 있는 필사본

권·책 | 1권 1책

크기(가로×세로, cm) | 18.2×27.5

면수 | 157

발행인(처) 및 편찬 시기 | 미상

내용 | 조선 후기 널리 유포된 2권 1책의 방서(方書). 음양오행에 의거하여 관혼상제(冠婚喪祭)를 비롯한 일상생활 전반에 걸쳐 길흉(吉凶)을 가리는 방법이 기술된 책이다. 권수제는 '증보참찬비전천기대요권지하(增補參贊祕傳天機大要卷之下)'이다.

특이 사항 | 현재 권하(卷下)만 남아 있다. 목록에 "상권이 분실되었다[上卷紛失]"라는 기록이 있으므로, 2권 2책의 『천기대요』를 소장했던 것으로 보인다. 표지에 '세재무진동십월하한가의우용정(歲在戊辰冬十月下澣加衣于龍井)'이라는 문구가 있고, 본지 3면에 소장인이 있다. 책의 뒤표지 앞부분에 "후손들에게 대대로 전하고 분실하지 않도록 하라[傳之子孫, 守而勿失]"라는 문구가 적혀 있다.

천자문 千字文

문서 번호(목록) | 49(향길161)

서체 및 판본 | 해서체, 곽란이 있는 필사본

권·책 | 1권 1책

크기(가로×세로, cm) | 19×28

면수 | 66

발행인(처) 및 편찬 시기 | 미상

내용 | 국한문 혼용 천자문(千字文). 앞부분에 오언시가 수록되어 있다.

초간독 草簡牘　초 抄

문서 번호(목록) | 50(항길36)

서체 및 판본 | 초서체, 곽란이 있는 필사본

권·책 | 1권 1책

크기(가로×세로, cm) | 18.5×27

면수 | 58

발행인(처) 및 편찬 시기 | 미상

내용 | 초서 학습 교재. 다양한 형태와 내용의 서신을 초서체로 작성하여 제시하였다.

특이 사항 | 본지 1면에 소장인이 있다.

초결가 草訣歌 십오편 十五篇

문서 번호(목록) | 51

서체 및 판본 | 초서체, 곽란이 없는 필사본

권·책 | 첩

크기(가로×세로, cm) | 11.5×22.5

면수 | 16

발행인(처) 및 편찬 시기 | 미상

내용 | 초서를 익히기 위해 『초결가』의 일부를 필사한 첩.

초록 抄錄 (가칭)

문서 번호(목록) | 52

서체 및 판본 | 해서체, 곽란이 없는 필사본

권·책 | 1권 1책

크기(가로×세로, cm) | 5.5×14.5

면수 | 28

발행인(처) 및 편찬 시기 | 미상

내용 | 음양서(陰陽書).

특이 사항 | 표지가 없어 가칭하였다.

초록 抄錄 (가칭)

문서 번호(목록) | 53

서체 및 판본 | 초서체, 곽란이 없는 필사본

권·책 | 1권 1책

크기(가로×세로, cm) | 19×21

면수 | 20

발행인(처) 및 편찬 시기 | 미상

내용 | 미상.

특이 사항 | 표지가 없어 가칭하였다. 훼손이 심하여 내용을 알아보기 힘들다.

초록 抄錄 (가칭)

문서 번호(목록) | 54

서체 및 판본 | 초서체, 곽란이 없는 필사본

권·책 | 1권 1책

크기(가로×세로, cm) | 19.2×17

면수 | 32

발행인(처) 및 편찬 시기 | 미상

내용 | 미상.

특이 사항 | 표지가 없고 내용을 알 수 없어 가칭하였다.

초록 抄錄 (가칭)

문서 번호(목록) | 55

서체 및 판본 | 초서 · 행서체, 곽란이 없는 필사본

권 · 책 | 1권 1책

크기(가로×세로, cm) | 15×23.5

면수 | 40

발행인(처) 및 편찬 시기 | 미상

내용 | 미상.

특이 사항 | 표지가 없고 내용을 알 수 없어 가칭하였다.

초록 抄錄 (가칭)

문서 번호(목록) | 56

서체 및 판본 | 행서체, 곽란이 없는 필사본

권 · 책 | 1권 1책

크기(가로×세로, cm) | 15×6.5

면수 | 20

발행인(처) 및 편찬 시기 | 미상

내용 | 미상.

초서천자문 草書千字文 (가칭)

문서 번호(목록) | 57

서체 및 판본 | 초서 · 해서체, 곽란이 없는 필사본

권 · 책 | 첩

크기(가로×세로, cm) | 21.5×36

면수 | 56

발행인(처) 및 편찬 시기 | 미상

내용 | 초서로 쓴 천자문(千字文).

특이 사항 | 뒷면에 '죽헌감회시(竹軒感懷詩)'라는 문구가 있다.

초서첩 草書帖 (가칭)

문서 번호(목록) | 58

서체 및 판본 | 초서체, 곽란이 없는 필사본

권 · 책 | 첩

크기(가로×세로, cm) | 14×48

면수 | 44

발행인(처) 및 편찬 시기 | 미상

내용 | 초서로 작성된 첩. 훼손이 심하여 내용을 파악할 수 없다.

칠월일일제종명부수루 七月一日題終明府水樓 (가칭)

문서 번호(목록) | 59

서체 및 판본 | 해서체, 곽란이 없는 필사본

권·책 | 첩

크기(가로×세로, cm) | 15.5×25.5

면수 | 16

발행인(처) 및 편찬 시기 | 미상

내용 | 두보(杜甫)의 시 '칠월일일제종명부수루(七月一日題終明府水樓)'를 수록한 첩.

포창완의문 褒彰完議文

문서 번호(목록) | 60(항길61)

서체 및 판본 | 행서체, 곽란이 있는 필사본

권·책 | 1권 1책

크기(가로×세로, cm) | 23.2×31.5

면수 | 14

발행인(처) 및 편찬 시기 | 미상, 1925년

내용 | 공자의 행적을 기리고 『오륜행실(五倫行實)』을 중간(重刊)한 것을 기념하여 관련인 29인을 포창(褒彰)한 완의문. 뒷면에 '대정십사년십월일성안(大正十四年十月日成案)'이라는 문구가 있어 1925년에 작성되었음을 알 수 있다.

특이 사항 | 소장인은 없으나, 면마다 인장이 찍혀 있다.

풍악기 楓嶽記

문서 번호(목록) | 61(항길30)

서체 및 판본 | 해서체, 괵란이 없는 필사본

권·책 | 1권 1책

크기(가로×세로, cm) | 16×23

면수 | 34

발행인(처) 및 편찬 시기 | 서영보, 18세기

내용 | 서영보(徐榮輔, 1759~1816)가 지은 글. 동국(東國)의 명산(名山)으로 풍악산(楓嶽山), 즉 금강산을 꼽아 기록한 글이다.

특이 사항 | 저자로 기재된 '죽석산인(竹石山人)'의 '죽석'은 서영보의 호이다. 본지의 1면에 소장인이 있다.

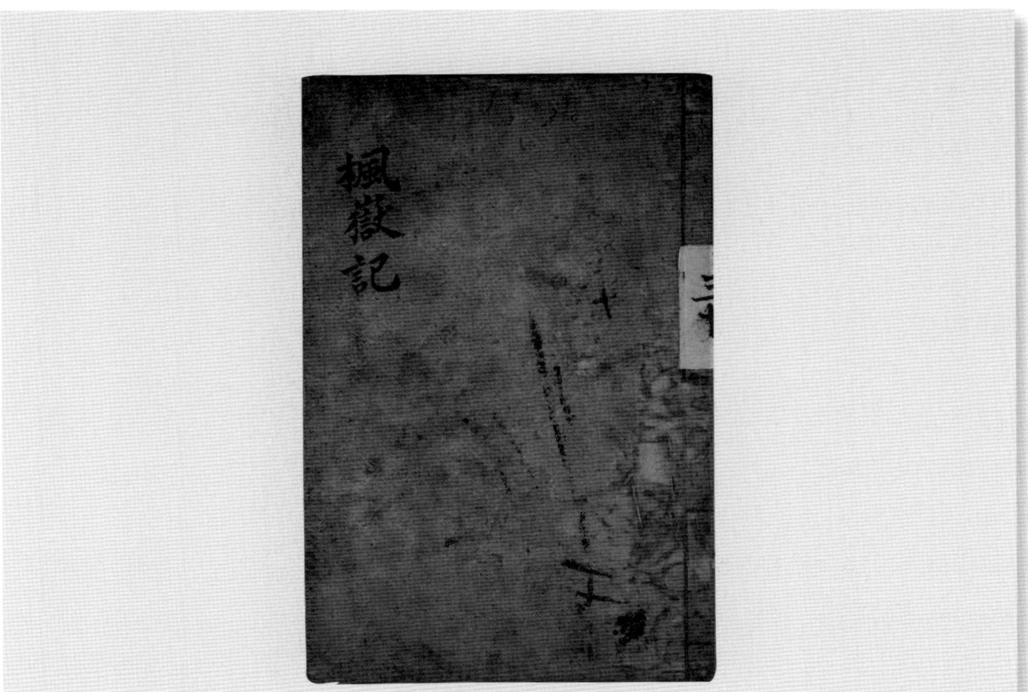

하진냥문녹

문서 번호(목록) | 62

서체 및 판본 | 언문, 곽란이 없는 필사본

권·책 | 2권 2책

크기(가로×세로, cm) | 20×30.5(1책), 17×27(2책)

면수 | 108(1책), 132(2책)

발행인(처) 및 편찬 시기 | 미상

내용 | 조선시대 대하소설 『하진양문록(河陳兩門錄)』의 언해본. 항길고택문고에 표지가 없는 합권[合권]을 포함하여 2종이 있다.

호수정간책 戶首井間冊

문서 번호(목록) | 63

서체 및 판본 | 해서체, 곽란이 없는 필사본

권·책 | 1권 1책

크기(가로×세로, cm) | 16.5×25.5

면수 | 28

발행인(처) 및 편찬 시기 | 미상, 1878년

내용 | 철인왕후(哲仁王后) 김씨(金氏)가 왕대비(王大妃)로서 승하한 뒤 제수를 마련하기 위해 작성된 문서.

특이 사항 | 표지에 '정축십이월일(丁丑十二月日)'이라고 쓰여 있고, 표지 안쪽에는 "무인년 5월 12일 인시에 김 대비가 승하하였다[戊寅五月十二日寅時金大妃昇遐]"라는 문구가 있다. 무인년인 것으로 보아 1878년에 승하한 철인왕후를 지칭함을 알 수 있다.

화해조서 和解調書 등본 謄本

문서 번호(목록) | 64

서체 및 판본 | 초서체 · 한글, 수기 문서

권 · 책 | 1권 1책

크기(가로×세로, cm) | 22.5×31

면수 | 6

발행인(처) 및 편찬 시기 | 울진재판소, 1912

내용 | 명치 45년(1912) 울진재판소에서 발행한 화해조서.

활보 濶步

문서 번호(목록) | 65

서체 및 판본 | 해서체, 괵란이 없는 필사본

권 · 책 | 1권 1책

크기(가로×세로, cm) | 16×17.2

면수 | 138

발행인(처) 및 편찬 시기 | 미상

내용 | 미상.

18폭 병풍 (가칭)

문서 번호(목록) | 66

서체 및 판본 | 초서체, 병풍

권·책 | 병풍

크기(가로×세로, cm) | 270×52

면수 | 해당 사항 없음

발행인(처) 및 편찬 시기 | 미상

내용 | 초서체로 쓰인 18폭의 병풍.

| 찾아보기 |

ㄱ

『가례(家禮)』 182
『가례증편(家禮增編)』 183
『강감회요(鋼鑑會要)』 168
『강릉김씨가승(江陵金氏家乘)』 26
『강릉김씨감찰공파(江陵金氏監察公派) 초단(草單)』 29
강릉김씨보소(江陵金氏譜所) 23
『강릉김씨삼척파세승(江陵金氏三陟派世乘)』 28
『강릉김씨세보(江陵金氏世譜)』 18~23
『강릉김씨세승(江陵金氏世乘)』 27
『강릉김씨용정파보(江陵金氏龍井派譜)』 26
『강릉김씨유사(江陵金氏遺事)』 31
『강릉김씨족보(江陵金氏族譜)』 17, 18
『강릉김씨파보(江陵金氏派譜)』 24, 25
강릉최씨가승발(江陵崔氏家乘跋) 56
강원감영 216
강항(姜沆) 168
『검남집(劍南集)』 88
『격몽요결(擊蒙要訣)』 192
『경거시축(瓊琚詩軸)』 98
경상감영[嶺營] 148
경서(經書) 207
『경서유초(經書類抄)』 144
경서유초(經書類抄) 144
『경전유휘(經傳類彙)』 145
『경진팔월십육일전문전여기(庚辰八月十六日錢文傳與記)』 192
『계미십월일남창추환봉상책(癸未十月日南倉秋還捧上冊)』 197
『고규(古規)』 131
『고문진보(古文眞寶)』 146
『고문진보후집(古文眞寶後集)』 146
『고시(古詩)』 99
『고요람(古要覽)』 193
『고청제홀기(告淸祭笏記)』 194
『공문수발건(公文收撥件)』 194
공자 171
『공자가어(孔子家語)』 157
『관동유록(關東儒錄)』 198
관혼상제(冠婚喪祭) 182, 224
구봉경록(九峯經錄) 155
구봉계사록(九峯繫辭錄) 155
『구봉공유집(九峯公遺集)』 34
『구봉공장록(九峯公狀錄)』 32
구봉광음(九峯光陰) 64
『구봉김공묘지명(九峯金公墓誌銘)』 33
『구봉김공행장(九峯金公行狀)』 33
구봉시집(九峯詩集) 34
구봉역록(九峯易錄) 155
구봉예록(九峯禮錄) 155
『구봉유집(九峯遺集)』 34
『구봉잡록(九峯雜錄)』 35
구봉잡영(九峯雜詠) 35
구봉정사영모정시서(九峯精舍永慕亭詩序) 55
『구봉정사영모정장(九峯精舍永慕亭藏)』 36
굴원(屈原) 123

『궁을경(弓乙經)』 195
권이생(權以生) 173
『귀제승감산수지명(歸除乘減算數指明)』 198
『근사록(近思錄)』 147
『금단절목(禁斷節目)』 195
금란계(金蘭契) 196
『금란사(金蘭史)』 196
금란정(金蘭亭) 196
『기묘팔월십칠일위시소달면진환기급가전집복기(己卯八月十七日爲始所達面陳還起及加田執卜記)』 199
김경(金輕) 46
김경현(金卿鉉) 173
김계건(金啓鍵) 65
김구혁(金九爀) 64
김구혁(金九爀) 32
김남수(金南壽) 111
김남용(金南容) 16
김병성(金秉星) 33
김사혁(金思爀) 52
김선경(金善卿) 64
김시학(金時鶴) 49
김시학(金時鶴) 64
『김씨유사(金氏遺事)』 36
김억규(金億奎) 52
김연정(金演政) 64
김용건(金用鍵) 46
김용경(金龍卿) 65
김은보(金殷輔) 46
김응조(金膺祚) 64
김인선(金演善) 37
김인존(金仁存) 47
김정혁(金廷爀) 82
김종언(金宗彦) 78
김종집(金宗鏶) 82
김주혁(金周爀) 83
김주희(金周熙) 195
김치련(金致璉) 64
김치운(金致雲) 205
김태진(金泰振) 64
김한조(金漢祚) 56
김희경(金禧卿) 80

ㄴ

『나재유고(懶齋遺稿)』 37
『낙기(駱企)』 100
『낙양신성(洛陽新聲)』 118
난정집(蘭亭集) 199
『난정집서(蘭亭集序)』 199
남상규(南相奎) 94
『남음(南音)』 200
『남음집(南音集)』 200
남재유사(南齋遺事) 53
『노사(魯史)』 168
『녹기광음(錄記光陰)』 201
『논어(論語)』 148
『논어언해(論語諺解)』 149
『논어집주대전(論語集註大全)』 148
『논어집주(論語集註)』 148
『논해(論解)』 149

ㄷ

『담군도기(擔軍到記)』 38
당금지(唐錦池) 219
『당산유록(唐山遺錄)』 104
『대가정선(大家精選)』 202

『대명(待明)』 103
대상례(大喪禮) 182
『대정십년조선민력(大正十年朝鮮民曆)』 203
『대청광서십사년시헌서(大淸光緖十四年時憲書)』 64
『대학(大學)』 150
『대학장구대전(大學章句大全)』 150
『도장선생유사(道庄先生遺事)』 89
독도(獨島) 74
동국시(東國詩) 113
『동린(東鄰)』 100
동부(東賦) 100
『동시(東詩)』 101, 104
동시청구선명(東詩靑邱善鳴) 114
동우광음(東愚光陰) 64
『동우아언(東愚雅言)』 101
『동표(東表)』 204
『동현재(董玄宰)』 102
『두율(杜律)』 102, 103
두율(杜律) 102
『두창신방(痘瘡神方)』 204
『등악양루(登岳陽樓)』 205

ㅁ

『마사(馬史)』 169
『만금록(萬金錄)』 205
『만금록비망장(萬金錄備忘帳)』 206
『만병회춘방(萬病回春方)』 207
『만장록(輓章錄)』 38
『망계광초(望桂狂草)』 207
『매암유고(梅菴遺稿)』 41
『매월당문집(梅月堂文集)』 91
『매월당시집(梅月堂詩集)』 91
『매월당집(梅月堂集)』 91
『맹자(孟子)』 151
『맹자언해(孟子諺解)』 152
『맹자집주대전(孟子集註大全)』 151
『맹해(孟解)』 152
『면속재광음(免俗齋光陰)』 64
명리서(命理書) 207, 223
『명원보감(溟源寶鑑)』 39
『명재선생유고(明齋先生遺稿)』 90
『명재집(明齋集)』 90
『묘갈명(墓碣銘) 병호침서(弁號鋟書)』 40
『무가보(無價寶)』 105
『무오십월일교전답복정봉상책(戊午十月日校田畓卜定捧上冊)』 208
민사관(閔師寬) 82

ㅂ

박성원(朴聖源) 184
박치유(朴致維) 171
반고(班固) 176
『반남박씨문헌록(潘南朴氏文獻錄)』 209
방서(方書) 224
방옹집(放翁集) 88
『범보요람(凡譜要覽)』 209
『범수전(范雎傳)』 169
『봉구행록(鳳邱行錄)』 41
『부의록(賻儀錄)』 42
『부의위문록(賻儀慰問錄)』 42
『부조계입령(扶助契立令)』 43
『부조기(扶助記)』 43, 44
『부조안(扶助案)』 44
『부추(賦椎)』 210
북삼면(北三面) 183
북재유사(北齋遺事) 53

북평읍(北坪邑) 186
불망본(不忘本) 22
비결서(祕決書) 198

ㅅ

『사기(史記)』 169
『사략(史略)』 170
사례(四禮) 182
『사례촬요(四禮撮要)』 185
『사문유회(事文類會)』 211
『사물유회(事物類會)』 211
사언시(四言詩) 107
『사언시(四言詩)』 131
『사언오율(四言五律)』 105
『사요취선(史要聚選)』 171
사요취선(史要聚選) 173
『사행(士行)』 212
『사헌부감찰묘명(司憲府監察墓銘)』 45
삼선생사행록(三先生事行錄) 71
『삼양절조(三讓絶調)』 106
『삼척교지(三陟校誌)』 70
삼척군 81
삼척도호부(三陟都護府) 71
삼척영장(三陟營將) 64
『삼척용정파초단(三陟龍井派草單)』 30
삼척향교 80, 82
『상언(上言)』 46
『서경(書經)』 154
서득순(徐得淳) 52
『서석(書釋)』 154
서승(徐升) 219
서영보(徐榮輔) 233
『서전(書傳)』 153
『서전대전(書傳大全)』 153
『서전언해(書傳諺解)』 154
『서전해(書傳解)』 154
『서해(書解)』 154
서호순(徐灝淳) 89
『선현유사(先賢遺事)』 47
『선현유집(先賢遺集)』 48
『성학문답권지(聖學問答卷之)』 213
『성학십도(聖學十圖)』 156
『성학요설(聖學要說)』 155
성호(成浩) 93
소달면(所達面) 199
『소미가숙점교부음통감절요(少微家塾點校附音通鑑節要)』 174
소왕가어(素王家語) 157
소왕록(素王錄) 157
『소왕사기(素王事紀)』 171
『소학일기(少學日記)』 214
『속설문자(俗說文字)』 107
『속재거저(俗齋居諸)』 64
『속재유사(俗齋遺事)』 49
송시열(宋時烈) 71
송언신(宋彦愼) 93
송일(宋馹) 93
송재경(宋在慶) 185
『송조군보감(宋朝君寶鑑)』 172
『송조군신보감(宋朝君臣寶鑑)』 172
『송조명신록(宋朝名臣錄)』 172
『수보(袖寶)』 107
『수총(繡叢)』 108
수토(搜討) 7, 64
『숙종관동팔경시(肅宗關東八景詩)』 107
『순치십이년을미사월원일서이언(順治十二年乙未四月元日書以言)』 49

『시가요람(詩家要覽)』 108
『시경(詩經)』 158
『시부(詩賦)』 132
『시율(詩律)』 109
『시전대전(詩傳大全)』 158
『시전(詩傳)』 158
『시조(時調)』 109
시향제의(時享祭儀) 53
『시회곡(詩會曲)』 110
『신당(新唐)』 111
『신상정사목(新詳定事目)』 215
신응조(申應朝) 212
신편옥총(新編玉叢) 217
『심경부주(心經附註)』 160
『심경(心經)』 160
심순모(沈珣模) 92
심지황(沈之潢) 70
심진홍(沈鎭洪) 92
『십향(拾香)』 111

ㅇ

『애헌유고(艾軒遺稿)』 56
『어제윤음(御製綸音)』 216
『역경(易經)』 161
『역해(易解)』 162
『연주시(聯珠詩)』 112
『연해(淵海)』 219
『연해자평(淵海子平)』 219
염락풍아(濂洛風雅) 112
『염락풍월(濂洛風月)』 112
영모정(永慕亭) 51, 185
『영모정기(永慕亭記)』 50
영모정기(永慕亭記) 51
『영모정사적(永慕亭事蹟)』 51
『영모정상량문(永慕亭上樑文)』 52
영모정서(永慕亭序) 51
영모정시(永慕亭詩) 51
영모정시서(永慕亭詩序) 55
『영모정유사(永慕亭遺事)』 53
『영모정집록(永慕亭輯錄)』 54
영모정창건시사적(永慕亭刱建時事蹟) 53
영모정첩후발(永慕亭帖後跋) 51
영모정학규(永慕亭學規) 34
『영주채(瀛洲採)』 113
『예기(禮記)』 155
예서(禮書) 207
예쇠전정안(禮釗田政案) 220
『예의유집(禮疑類輯)』 184
『예의유집초(禮疑類輯抄)』 184
오봉(梧峯) 16
『오언시(五言詩)』 99, 133
『옥총(玉叢)』 217
옥휘운고(玉彙韻考) 218
『완벽(完璧)』 116
왕희지(王羲之) 199
『요람(要覽)』 113
요람(要覽) 104
『용문등영초(龍門登瀛草)』 114
『용부(龍綒)』 217
용산동록(龍山同綠) 125
용산사(龍山祠) 71
용산사액(龍山祠額) 71
용산서당(龍山書堂) 50, 71
용산서원록(龍山書院錄) 71
『용산서원지(龍山書院誌)』 71
『용산잡영(龍山雜詠)』 72
용정댁(龍井宅) 99

용정리(龍井里) 186
『용정성치파종첩(龍井城峙派宗帖)』 55
『용정제일첩(龍亭第一帖)』 55
『용학(庸學)』 164
『용해(庸解)』 163
『우주두율(虞註杜律)』 102
우집(虞集) 102
『운고(韻考)』 218
『운제(雲梯)』 114
울릉군(鬱陵郡) 74, 81
울릉도(鬱陵島) 64
울릉도관원(鬱陵島官員) 81
원춘감영(原春監營) 216
『위문록(慰問錄)』 57~61
『위촌파가승(渭村派家乘)』 30
유향(劉向) 123
『육언시(六言詩)』 100, 133
육유(陸游) 88
윤증(尹拯) 90
율곡(栗谷) 71
『을축십일월일책계좌목책(乙丑十一月日冊稧座目冊)』 56
『음풍영월(吟風詠月)』 115
의서(醫書) 204
이만손(李晩孫) 198
이백(李白) 115
『이백청련시(李白靑蓮詩)』 115
이사부(異斯夫) 81
이세필(李世弼) 71
『이소(離騷)』 123
이식(李植) 125
이이(李珥) 71
『이채(耗債)』 116
이황(李滉) 156
『임진삼월초일일위시하기(壬辰三月初一日爲始下記)』 218

ㅈ

『자소(自笑)』 117, 118
자전(字典) 221
『자평(子平)』 219
『잡기(雜記)』 219
『잡시(雜詩)』 119
잡영록(雜咏錄) 119
잡저(雜著) 207
장채(張采)』 172
『장편(長篇)』 119
장편(長篇) 106
『적성의전(赤聖儀傳)』 221
전구심(田求心) 94
『전안(田案)』 220
『전운옥편(全韻玉篇)』 221
전이채(田以采) 171
정민정(程敏政) 160
『정음통석(正音通釋)』 222
정이간(鄭履侃) 82
『정중심반(靜中心伴)』 64
제가정선(諸家精選) 202
『제치(鯷稚)』 122
『젹셩의젼』 221
조룡이(釣龍餌) 120
『조룡(釣龍)』 120
조선총독부(朝鮮總督府) 203
『조추(啁啾)』 120
『조훈(祖訓)』 62
종중입령(宗中立令) 53
『좌목(座目)』 63

『주시아송(朱詩雅誦(頌)』 121
주역대전(周易大全) 217
『주역언해(周易諺解)』 162
『주역(周易)』 155, 161
『주취(珠聚)』 121
주희(朱熹) 147
죽헌(竹軒) 154
『중용(中庸)』 155, 162
『중용도후서(中庸圖後序)』 164
『중용언해(中庸諺解)』 163
『중용장구대전(中庸章句大全)』 162
『중용혹문(中庸或問)』 163
즐비절조(櫛比絶調) 100
『증보회령(增補會靈)』 173
『지덕사종계종규(至德祠宗契宗規)』 222
『지리전서(地理全書)』 223
진덕수(眞德秀) 160
『진보초선(眞寶抄選)』 146
진시황(秦始皇) 126
진주부선생안(眞珠府先生案) 75
『진주지(眞珠誌)』 73

ㅊ

『척주선생안(陟州先生案)』 75
『척주절의록(陟州節義錄)』 77
척주지략(陟州誌略) 75
『척주지(陟州誌)』 78, 80
『천기대요(天機大要)』 224
『천자문(千字文)』 225
『청수정(聽水亭)』 122
『청운제(靑雲梯)』 123
『초간독(草簡牘)』 226
『초결가(草訣歌)』 227
『초록(抄錄)』 134, 177, 227~229
『초사(楚辭)』 123
『초사(楚辭)』 124
『초사집(草史集)』 92
『초서천자문(草書千字文)』 230
『초서첩(草書帖)』 230
『초소(楚騷)』 124
『초예(楚裔)』 124
최만희(崔晩熙) 65, 71, 80
최익장(崔翼章) 82
최익정(崔翼楨) 83
최종원(崔鍾遠) 56
최홍로(崔弘魯) 82
『칠언시(七言詩)』 99, 135~140
『칠언시첩(七言詩帖)』 140

ㅌ

『통감(通鑑)』 173, 174

ㅍ

『파경(葩經)』 159
『파발(波勃)』 125
『포창완의문(褒彰完議文)』 232
표준의례(標準儀禮) 186
『풍악기(楓嶽記)』 233

ㅎ

『하진냥문녹』 234
『하진양문록(河陳兩門錄)』 234
『학해(學解)』 150
『한글 해석 혼상제례절요(婚喪祭禮節要)』 186

『한서(漢書)』 176
『함주(頷珠)』 125
『항길고택일기(恒吉古宅日記)』 64
항길댁(恒吉宅) 38, 186, 220
『항길문고도서목록(恒吉文庫圖書目錄)』 16
해동청강(海東青江) 122
『해악시율(海嶽詩律)』 127
『향산집(香山集)』 126
『향약문(鄕約文)』 185
허목(許穆) 78
현종경자년식년사마방목(顯宗庚子年式年司馬榜目) 65
형가(荊軻) 126
『형경가(荊卿歌)』 126
『형오(硎鋘)』 127
호군댁(護軍宅) 183
호군정사(護軍精舍) 206
『호봉공실기(壺峯公實紀)』 93
『호수정간책(戶首井間冊)』 234
『호해유고(湖海遺稿)』 66
『호해정유고(湖海亭遺稿)』 65
『호해정유집(湖海亭遺集)』 65
『호해집(湖海集)』 66
홍견(洪堅) 89
홍경모(洪敬謨) 52
홍병열(洪秉烈) 52
홍순성(洪淳晟) 89
홍순횡(洪淳鐄) 71
홍용학(洪鏞學) 80
홍재학(洪在鶴) 198
홍종덕(洪鍾德) 82
홍종도(洪鍾導) 82
홍종범(洪鍾凡) 73
홍종욱(洪鍾旭) 81
홍진구(洪鎭九) 82
『화각(畫閣)』 128
화동정음(華東正音) 222
『화성(畫聲)』 128
『화암주초(花菴走草)』 129
『화암주초목록(花菴走草目錄)』 129
『화암초(花菴草)』 130
『화조(花鳥)』 130
『화해조서(和解調書) 등본(謄本)』 235
『활보(濶步)』 235
황견(黃堅) 146
횡헌동고(黌軒同苦) 125
『횡헌시첩(黌軒詩帖)』 82
횡헌시축(黌軒詩軸) 82
『후촌집(後村集)』 94

동북아역사 자료총서 71
항길고택문고 목록집 - 도서 편 -

초판 1쇄 발행 2023년 12월 20일

엮은이 | 장정수
펴낸이 | 이영호
펴낸곳 | 동북아역사재단

등록 | 제312-2004-050호(2004년 10월 18일)
주소 | 서울시 서대문구 통일로 81 NH농협생명빌딩
전화 | 02-2012-6065
홈페이지 | www.nahf.or.kr
제작 · 인쇄 | (주)동국문화

ISBN 979-11-7161-062-4 94910
979-11-7161-061-7 (세트)